LETRAMENTO ACADÊMICO

Prática de pesquisa
e produção textual na universidade

Conselho Acadêmico
Ataliba Teixeira de Castilho
Carlos Eduardo Lins da Silva
Carlos Fico
Jaime Cordeiro
José Luiz Fiorin
Tania Regina de Luca

Proibida a reprodução total ou parcial em qualquer mídia
sem a autorização escrita da editora.
Os infratores estão sujeitos às penas da lei.

A Editora não é responsável pelo conteúdo deste livro.
As Autoras conhecem os fatos narrados, pelos quais são responsáveis,
assim como se responsabilizam pelos juízos emitidos.

Consulte nosso catálogo completo e últimos lançamentos em **www.editoracontexto.com.br**.

Luana Lopes Amaral
Daniervelin Pereira
Raquel Abreu-Aoki
Carla Viana Coscarelli

LETRAMENTO ACADÊMICO

Prática de pesquisa
e produção textual na universidade

Copyright © 2025 das Autoras

Todos os direitos desta edição reservados à
Editora Contexto (Editora Pinsky Ltda.)

Foto de capa
Steve Johnson em Unsplash

Montagem de capa e diagramação
Gustavo S. Vilas Boas

Preparação de textos
Lilian Aquino

Revisão
Luiza Tofoli dos Santos

Dados Internacionais de Catalogação na Publicação (CIP)

Letramento acadêmico : prática de pesquisa e produção textual
na universidade / Luana Lopes Amaral...[et al]. –
São Paulo : Contexto, 2025.
144 p.

Outras autoras: Daniervelin Pereira, Raquel Abreu-Aoki,
Carla Viana Coscarelli
Bibliografia
ISBN 978-65-5541-546-9

1. Redação acadêmica 2. Pesquisa 3. Publicações científicas
I. Amaral, Luana Lopes

25-0885 CDD 808.066

Angélica Ilacqua – Bibliotecária – CRB-8/7057

Índice para catálogo sistemático:
1. Redação acadêmica e pesquisa

2025

EDITORA CONTEXTO
Diretor editorial: *Jaime Pinsky*

Rua Dr. José Elias, 520 – Alto da Lapa
05083-030 – São Paulo – SP
PABX: (11) 3832 5838
contato@editoracontexto.com.br
www.editoracontexto.com.br

Sumário

VOCÊ NA UNIVERSIDADE **7**

CONHECENDO PESQUISAS **15**

    Fontes confiáveis para pesquisa acadêmica 16

    Estratégias de leitura 28

    Resenha acadêmica 41

PLANEJANDO E FAZENDO UMA PESQUISA **47**

    Desenho inicial da pesquisa 49

    Ética na pesquisa e na escrita 59

    Formas de citação 64

    Aprofundando a noção de resenha 69

    Projeto de pesquisa 74

    Análise de dados 80

    Relatório de pesquisa 84

DIVULGANDO A PESQUISA **93**

    Artigo científico. 94

    Resumo acadêmico (*abstract*) 98

    Participando de eventos científicos 109

    Divulgação científica. 117

    O currículo 124

    Agora é com você 131

Bibliografia comentada 133

Referências 137

As autoras. 141

Você na universidade

Quem chega na universidade entra em um mundo cheio de novidades e possibilidades. Até o ensino médio, os alunos estudam várias disciplinas que servem de base à sua formação e que podem ajudá-los a escolher a área profissional que vão seguir. Além disso, há uma preocupação em passar no processo seletivo para entrar na universidade.

Uma vez na universidade, a dinâmica de aprendizado se transforma. Nessa etapa, os alunos, que agora se preparam para a vida profissional, vão estudar disciplinas de fundamentação teórica e disciplinas práticas e terão a chance de participar de projetos de pesquisa, de ensino e de extensão, envolvendo-se diretamente na produção do conhecimento. Para participar de todas essas atividades e aproveitar bastante esse universo novo, é preciso conhecer a sua cultura, ou seja, as rotinas, os processos, as formas de expressão e de comunicação recorrentes nele.

A universidade é um espaço de produção, compartilhamento e divulgação do conhecimento. Uma das maneiras de divulgar esse conhecimento é por meio de textos acadêmicos que apresentam as pesquisas realizadas, seus fundamentos teóricos, as metodologias adotadas e os resultados obtidos. Esses textos podem assumir diferentes gêneros, como resenhas, resumos, artigos científicos, projetos de pesquisa, relatórios, apresentações em congressos, monografias, livros técnicos, trabalhos de conclusão de curso, dissertações, teses, entre outros.

Os gêneros textuais acadêmicos têm particularidades que garantem a padronização e a credibilidade da pesquisa. Esses elementos refletem o uso rigoroso das normas acadêmicas, que organizam o trabalho científico e asseguram o respeito à produção intelectual de outros pesquisadores. Um exemplo disso é o uso de citações, que referenciam estudos anteriores e garantem que a pesquisa em desenvolvimento seja devidamente fundamentada em trabalhos já publicados.

Para se adaptar melhor à universidade, é necessário desenvolver um conjunto de habilidades conhecidas como *letramento acadêmico*. Magda Soares (2021, p. 27) explica que o letramento corresponde às "capacidades de uso da escrita para inserir-se nas práticas sociais e pessoais que envolvem a língua escrita, o que implica habilidades várias, tais como: capacidades de ler ou escrever para atingir diferentes objetivos". No contexto universitário, o letramento acadêmico envolve práticas como saber ler, compreender, escrever e proferir textos que circulam nesse ambiente. Além disso, inclui a aplicação adequada das normas de citação, que deve ocorrer tanto nas produções escritas quanto nas apresentações orais.

A noção de letramento compreende, também, o conhecimento do uso de diversas tecnologias da escrita, desde suportes tradicionais, como livros e canetas, até ferramentas digitais, como computadores e teclados. No contexto do letramento acadêmico, esse conhecimento se expande, sendo necessária a habilidade de acessar, selecionar e utilizar fontes confiáveis de informação. Dessa forma, o letramento acadêmico abrange o uso de plataformas especializadas, como portais de periódicos, revistas científicas e bases de dados, indispensáveis à prática acadêmica.

Além da escrita e da pesquisa, a organização textual também desempenha um papel fundamental na comunicação do conhecimento acadêmico. Esses textos costumam fazer uso de recursos visuais, como imagens, gráficos e tabelas, que auxiliam na ilustração dos dados e na acessibilidade das informações. Como a pesquisa deve ser baseada em evidências, é comum que os textos acadêmicos apresentem dados que sustentem os resultados discutidos. A construção textual segue uma lógica argumentativa rigorosa, de modo a garantir a credibilidade do conhecimento produzido.

Reforçamos que, até o ensino médio, os alunos de forma geral se dedicam a apreender o conhecimento das matérias lecionadas, trabalhado nas atividades de ensino-aprendizagem de que participam. Mas, na universidade, além disso, os estudantes também se envolvem na produção do conhecimento científico. Essas instituições têm um papel muito importante na pesquisa acadêmica e fundamentam o ensino em sua prática. Dessa forma, professores e estudantes universitários dedicam grande parte do seu tempo ao trabalho fora da sala de aula, em atividades ligadas à pesquisa. Pesquisamos para entender melhor o mundo e para dominar assuntos, fenômenos e ideias. Ana Müller, no seu texto "A investigação da língua portuguesa: o amor à pesquisa" (2009, p. 115), define a ciência como "a busca organizada de um maior conhecimento sobre nós mesmos e sobre o mundo".

Apesar de o conhecimento científico, abordado neste livro, ser apenas um dos tipos existentes, ele é o escolhido como basilar nas instituições de ensino superior, gerado e ensinado nas universidades mundo afora. Mas por quê? A ciência parte de um questionamento constante sobre o conhecimento disponível no momento e não aceita verdades absolutas e imutáveis. Isso significa que ela está aberta à crítica e à evolução, o que faz com que novas descobertas sejam possíveis e que o conhecimento seja dinâmico, acompanhando as mudanças do tempo. Além disso, a construção desse conhecimento se baseia em métodos objetivos, por meio dos quais os pesquisadores devem seguir uma série de etapas para garantir a confiabilidade dos seus resultados. Esses métodos precisam ser coerentes, baseados em evidências, e são, em geral, compartilhados por um grupo de cientistas que atuam na mesma área, ou seja, não podem ser fruto do "achismo". Ademais, precisam ser testáveis; isso significa que outros pesquisadores devem ser capazes de reproduzir a pesquisa usando a mesma metodologia, para verificar a consistência dos resultados encontrados. Outra etapa importante, cuja finalidade é também garantir a confiabilidade do conhecimento científico, se chama *peer review* ("avaliação por pares"): nela os textos resultantes das pesquisas passam por uma avaliação prévia antes da sua divulgação e disseminação.

Quando conseguimos, por fim, gerar algum conhecimento sobre um determinado fenômeno do mundo ou sobre nós mesmos, devemos torná-lo público. Para isso, usamos os diferentes gêneros textuais que circulam no domínio acadêmico. Em outras palavras, na universidade encontramos vários tipos de textos que têm a função de construir, formalizar e propagar o conhecimento gerado por pesquisas acadêmicas. Além do ambiente universitário, há também formas de divulgar esse conhecimento a um público mais amplo. Os artigos de divulgação científica, publicados em jornais e revistas, desempenham um papel importante nesse processo, assim como a divulgação científica nas redes sociais, que vem se tornado cada vez mais comum.

Todos os gêneros acadêmicos, apesar de terem funções e objetivos específicos que fazem com que se diferenciem, têm um mesmo objetivo comunicativo: falar sobre pesquisa e conhecimento científico. E esse propósito em comum faz com que compartilhem características gerais entre si. Normalmente, qualquer texto acadêmico expõe o tema da pesquisa, o fenômeno investigado, o questionamento levantado sobre esse fenômeno, hipóteses possíveis para responder a esse questionamento, uma justificativa para a realização da pesquisa, os objetivos, a metodologia empregada (a forma como a pesquisa será ou foi realizada), outros estudos sobre o mesmo tema e o que já se sabe sobre ele até então, a abordagem teórica adotada e, por fim, os resultados e as conclusões, caso a pesquisa tenha sido finalizada.

A estrutura do texto, a linguagem usada, o formato de página escolhido, a seleção da formatação etc. são determinadas pela função do texto. Portanto, qual forma atende bem a finalidade dos gêneros acadêmicos? Como vimos, esses textos tratam da pesquisa realizada, mostrando suas etapas. Por isso, observa-se neles uma divisão clara em seções ou capítulos e também a referência a outros estudos sobre o mesmo tema. Assim, nesses textos há muita intertextualidade e uma grande preocupação com a forma adequada de fazer citações a outros autores, sempre atribuindo de maneira clara a autoria de ideias e trechos utilizados.

A pesquisa científica brasileira é desenvolvida majoritariamente dentro das universidades, não se restringindo à atuação dos professores. Esse trabalho é realizado coletivamente por grupos de pesquisa compostos por docentes e estudantes, tanto de pós-graduação quanto de graduação – todos pesquisadores, todos cientistas. Sem essa atuação diversificada, não teríamos atingido os atuais níveis de produção científica. Assim, mesmo na graduação, você terá a experiência de fazer pesquisa na universidade. Por isso, aprender sobre pesquisa e gêneros acadêmicos é muito importante para qualquer estudante que ingressa no ensino superior.

Este livro é uma introdução ao universo e à cultura acadêmica que os universitários vão encontrar nos cursos de graduação e pós-graduação. Com ele você vai descobrir o caminho das pedras, ou seja, vai conhecer os gêneros textuais mais usados na academia e aprender como e quando colocá-los em prática, conhecendo suas particularidades e métodos de elaboração.

A abordagem que adotamos neste livro baseia-se na perspectiva dos letramentos, destacando a importância do trabalho com gêneros, partindo da sua função para a sua forma. Especificamente, propomos o desenvolvimento do seu *letramento acadêmico* a partir da leitura e da produção de gêneros acadêmicos conectados aos seus usos em práticas sociais. Nosso objetivo é oferecer a você uma oportunidade de experienciar a pesquisa de maneira acessível e confortável para iniciantes. Ao longo destas páginas, você aprenderá na prática como os textos funcionam em diferentes contextos de produção, circulação e recepção. Para isso, apresentamos um percurso de atividades práticas em que você vai ler e produzir textos relativos a algumas etapas da pesquisa acadêmica, tais como o projeto, o relatório e, por fim, o artigo. E, ainda, tendo em vista os desafios da atualidade, orientaremos sobre questões éticas na pesquisa, para evitar o plágio, e sobre os cuidados no uso das inteligências artificiais (IAs).

O livro está organizado em quatro partes: são três capítulos centrais e a bibliografia comentada. O primeiro capítulo – "Conhecendo pesquisas" – traz formas de busca de fontes de informação confiáveis e atividades e estratégias de leitura contextualizada de gêneros importantes no meio acadêmico, como a resenha acadêmica, o artigo científico e o livro técnico-científico. O segundo capítulo – "Planejando e fazendo uma pesquisa" – propõe uma pesquisa a ser realizada na prática, acompanhada pela produção de textos de diferentes gêneros, cada um relacionado a uma etapa da pesquisa: o projeto, feito no início do planejamento da pesquisa; a resenha, feita no momento de revisão de literatura; e o relatório final, feito quando vamos apresentar os resultados obtidos. Nesse capítulo, também discutimos alguns aspectos da ética em pesquisa, com foco na busca de informações confiáveis e nas formas de citação, abordando a questão do plágio e do uso de ferramentas de inteligência artificial. O terceiro capítulo – "Divulgando a pesquisa" – apresenta diferentes gêneros usados para divulgar resultados de pesquisa, tanto dentro da universidade quanto fora dela. Nesse capítulo, você será motivado a produzir vários gêneros diferentes, como o artigo, a apresentação em congressos e o texto de divulgação científica. Além disso, você terá a oportunidade de refletir sobre o seu lugar nesse contexto e elaborar o seu perfil acadêmico fazendo o seu currículo na plataforma Lattes.

O livro, então, propõe o seguinte trajeto:

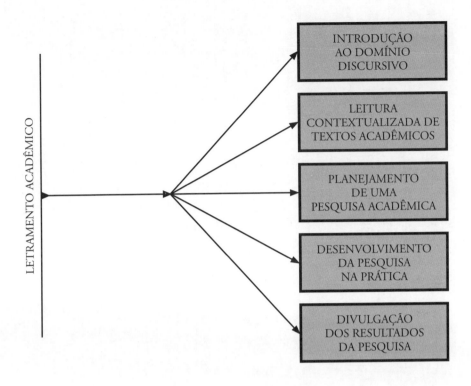

Ao final do livro, incluímos uma bibliografia comentada com títulos de referência sobre produção textual e pesquisa acadêmica, que servirão de leituras adicionais e complementares para você se aprofundar e aprender ainda mais.

Considerando a proposta apresentada, convidamos você a participar ativamente das etapas de formação descritas neste livro, desenvolvido para apoiar seu processo de letramento acadêmico, em complementaridade às aulas universitárias.

CONHECENDO PESQUISAS

Vamos falar um pouco sobre pesquisas?

Como vimos anteriormente em "Você na universidade", fazemos pesquisas acadêmicas na universidade com o objetivo de gerar novos conhecimentos sobre nós mesmos e sobre o mundo. Porém, esses saberes não surgem do nada; ninguém "inventa a roda". Tudo o que é gerado em novas pesquisas é fundamentado em descobertas anteriores já compartilhadas. Como expressa a famosa frase atribuída a Isaac Newton: "Se eu vi mais longe, foi por estar de pé sobre os ombros de gigantes". Por isso, um bom pesquisador deve ser hábil em fazer boas leituras e em buscar em fontes confiáveis para fundamentação da sua pesquisa.

Você já notou que todo texto acadêmico, seja resenha, monografia ou artigo, sempre termina com uma lista de referências bibliográficas? Essa lista contém os trabalhos aos quais o autor/pesquisador faz referência explícita em seu trabalho. Certamente, ele consultou muitos outros trabalhos para realizar a pesquisa e construir o novo conhecimento, mas cita apenas aqueles diretamente utilizados em seu texto. São esses textos, mencionados em forma de citação direta ou indireta, que compõem as referências bibliográficas. Mostraremos no capítulo "Planejando e fazendo uma pesquisa" como elaborar essas citações.

Neste capítulo, você vai aprender a buscar informações em fontes confiáveis e a aplicar **estratégias de leitura** a textos acadêmicos. Você também vai conhecer melhor alguns gêneros muito presentes no cotidiano da universidade, importantes referências para pesquisas acadêmicas, quais sejam, o artigo científico, o livro técnico-científico e a resenha acadêmica.

Então, ao trabalho!

FONTES CONFIÁVEIS PARA PESQUISA ACADÊMICA

Quando você precisa buscar alguma informação para ler e fazer seus trabalhos acadêmicos, para onde vai? Uns podem dizer "para a biblioteca", outros "para a faculdade", mas hoje em dia a maioria das pessoas provavelmente vai recorrer à internet. De toda forma, quando buscamos uma informação, especialmente quando estamos fazendo uma pesquisa na universidade, precisamos avaliar a confiabilidade das fontes que utilizamos. Selecionar bem as fontes da informação que você consulta e cita é crucial para a qualidade e credibilidade dos seus trabalhos acadêmicos.

Exemplos de boas referências para pesquisa acadêmica são os artigos científicos e os livros técnico-científicos. O artigo científico, também conhecido como artigo acadêmico, é um texto que apresenta os resultados de uma pesquisa específica, ou, de forma mais ampla, é um trabalho de teor científico produzido por um ou mais autores sobre determinado tema. Ele é publicado em revistas científicas especializadas, também conhecidas como periódicos científicos. Como os periódicos mantêm publicações regulares, o artigo é um importante canal de publicação de descobertas recentes e inovadoras, que podem impactar a ciência em um curto período de tempo. Os artigos são, assim, identificados por seus títulos, autores, pelo ano de publicação e pelo periódico em que foram publicados, incluindo informações sobre a edição (número e volume).

A credibilidade desses periódicos e, consequentemente, dos artigos que publicam é assegurada pelas entidades científicas, universidades ou editoras acadêmicas que os mantêm, assim como por processos avaliativos contínuos, conduzidos no Brasil pela Coordenação de Aperfeiçoamento de Pessoal de Nível Superior (Capes). Aos serem submetidos, os artigos passam por um rigoroso processo de avaliação – o já mencionado *peer review* (ou avaliação por pares), que se caracteriza como um mecanismo que controla a qualidade dos artigos enviados para serem publicados em periódicos especializados. Significa que o artigo publicado naquela revista foi revisado por outros profissionais especialistas no tema do artigo. Esses revisores avaliam a fundamentação teórica mencionada, a metodologia empregada, a coerência dos resultados, a relevância daquela pesquisa, a qualidade da escrita, entre outros fatores, verificando se o texto deve ser publicado e dando, em caso positivo, o seu aval para que isso aconteça. Muitas vezes, os pareceristas solicitam correções e reformulações que os autores devem atender até que o artigo chegue ao nível de qualidade desejado para publicação. Se os avaliadores encontrarem problemas no trabalho, recusam a publicação do artigo.

Alguns exemplos de revistas bem avaliadas atualmente e vinculadas a uma universidade – no caso a Universidade Federal de Minas Gerais (UFMG) – são a *Revista Brasileira de Linguística Aplicada* e a *Texto Livre*. A instituição da qual você faz parte também deve ser responsável pela publicação de periódicos científicos na sua área de estudo. Faça uma busca na internet e nos sites institucionais de sua universidade para localizar esses periódicos.

O artigo tem uma estrutura geral que inclui elementos pré-textuais, textuais e pós-textuais:

LETRAMENTO ACADÊMICO

ELEMENTOS PRÉ-TEXTUAIS:

Título (com subtítulo opcional);
Nome(s) do(s) autor(es), instituição de filiação, dados de titulação e contato;
Resumo na língua do artigo;
Palavras-chave na língua do artigo;
Resumo e palavras-chave em língua estrangeira (que podem também ser inseridos ao final, após os elementos textuais).

ELEMENTOS TEXTUAIS:

Introdução: parte inicial do texto, que apresenta o tema, o objeto de estudo, a problematização, a abordagem, as hipóteses e os objetivos da pesquisa;
Desenvolvimento: parte mais substancial do texto, em que é explorada a fundamentação teórica do trabalho, a metodologia, os resultados e a análise. É importante notar que essa parte se compõe de vários tópicos, que podem ser divididos em algumas seções.
Conclusão: apresenta as conclusões sobre o tema abordado e a contribuição do trabalho para o avanço do conhecimento na área.

ELEMENTOS PÓS-TEXTUAIS:

Agradecimentos (opcional): menção a pessoas ou a instituições que colaboraram com a pesquisa de alguma forma, inclusive com apoio financeiro (bolsas de estudo e pesquisa).
Referências: lista de todos os trabalhos citados ao longo do texto, com informações completas.
Apêndice (opcional): onde são incluídos elementos de suporte ao texto produzidos pelo autor, como dados coletados, tabelas, imagens, evidências, e outras informações que não fazem parte do texto principal, mas que são necessários para sua compreensão.
Anexo (opcional): texto ou documento adicional anexado no final da pesquisa que não pertence ao(s) próprio(s) autor(es), por exemplo, leis, imagens, gráficos etc., colhidos de outras fontes.

Embora apresentem uma estrutura geral comum, a configuração final desses textos é determinada pela área de conhecimento em que se inserem e pelo modo como a pesquisa foi desenvolvida. Assim, a forma e o conteúdo de um artigo podem variar conforme a área a que se vincula e a natureza da pesquisa. Mesmo que todos os artigos resultem de pesquisas acadêmicas, eles podem ser de tipos diferentes, uma vez que as pesquisas também podem seguir diferentes metodologias; por exemplo:

- Artigo de revisão teórica ou bibliográfica: arrola e discute trabalhos já publicados sobre um tema.
- Artigo experimental: relata um experimento montado para fins de testagem de hipóteses.
- Artigo científico empírico: reporta observação direta de fenômenos conforme percebidos pela experiência.

Os artigos servem de comunicação entre pesquisadores, profissionais, professores e estudantes de uma área do conhecimento. Ou seja, em geral, têm um público-alvo específico, uma vez que são escritos para outros pesquisadores e especialistas daquela área, o que os difere dos artigos de opinião e dos artigos de divulgação científica, escritos para um público mais amplo e publicados em veículos de mídia jornalística, como veremos no último capítulo deste livro.

Para ilustrar o que mostramos até aqui, sugerimos que você observe essas características no artigo a seguir.

COSCARELLI, C. V. A leitura em múltiplas fontes: um processo investigativo. *Ensino e Tecnologia em Revista*. UTFPR: Londrina, v. 1, n. 1, p. 67-79, jan./jun. 2017. DOI: http://dx.doi.org/10.3895/etr.v1n1.5897. Acesso em: 02 jul. 2024.

Para acessar a publicação, digite o link dx.doi.org/10.3895/etr. v1n1.5897 no seu navegador de internet.

O artigo "A leitura em múltiplas fontes: um processo investigativo", de autoria de Carla Viana Coscarelli, foi publicado pelo periódico *Ensino e Tecnologia em Revista*, que é mantido pela Universidade Tecnológica Federal do Paraná (UTFPR), em seu primeiro número do volume 1, em 2017. Aproveite e faça uma leitura do texto; será muito útil na construção de estratégias de leitura e navegação na internet, especialmente na busca por informações para seus trabalhos acadêmicos.

LETRAMENTO ACADÊMICO

Retomando o que mencionamos no início deste capítulo, os artigos científicos são uma das fontes mais seguras para a coleta de informações no contexto da pesquisa acadêmica. Existem sites especializados para a busca de artigos e outros textos acadêmicos. Indicamos três principais:

Scielo: http://www.scielo.org
Google Acadêmico: http://scholar.google.com.br
Portal de Periódicos da Capes: http://www.periodicos.capes.gov.br

Os três sites indicados oferecem acesso a artigos de periódicos gratuitos, conhecidos como *open access*, sem necessidade que você faça *login*. Esses periódicos não cobram pelo acesso aos artigos que publicam e são em geral financiados por agências de fomento, por universidades e pelo Estado. A grande maioria dos periódicos científicos brasileiros permitem acesso livre e gratuito aos textos publicados. Em outros países, porém, nem sempre é assim: alguns periódicos internacionais cobram pelo acesso aos artigos publicados e os valores podem ser bem altos. O Portal de Periódicos da Capes oferece acesso gratuito a vários periódicos internacionais pagos, por meio das instituições de ensino superior no Brasil. Caso você tenha esse tipo de acesso na sua instituição, você pode usar suas credenciais de login e senha institucionais através da Comunidade Acadêmica Federada (CAFe) para acessar esse tipo de conteúdo no Portal.

Outro gênero que é importante fonte de informações para pesquisa acadêmica é o livro técnico-científico (conhecido também como livro técnico ou livro acadêmico). O livro técnico-científico, assim como o artigo, também é um texto de teor científico escrito por um ou mais autores sobre um determinado tema, podendo apresentar os resultados de pesquisas acadêmicas já realizadas. Além disso, livros costumam trazer, de forma mais aprofundada, conceitos teóricos, metodologias e aplicações práticas de uma determinada área de estudos, que resultam do conhecimento gerado por um corpo de pesquisas realizadas ao longo do tempo. O objetivo de muitos livros técnico-científicos é assentar as bases do conhecimento de uma determinada área, levando em conta uma trajetória que inclui tanto as pesquisas mais clássicas quanto as mais inovadoras. Esse tipo de material também serve de comunicação entre pesquisadores, profissionais, professores e estudantes e costuma ter um público-alvo um pouco mais amplo quando comparado com o artigo científico publicado em revistas especializadas. Por ser um texto mais longo e mais aprofundado e que pode, assim, ter mais espaço para explicar em detalhes os conceitos importantes de uma área, o livro pode servir a um público que ainda não conhece o tema abordado, mas quer conhecer. Os livros são, assim, importantes fontes para a busca de informações para pesquisa acadêmica, sendo fundamentais para a formação de estudantes e pesquisadores. Por isso, muitos livros se tornam, além de referência de pesquisa, guias de estudo e material de base para disciplinas na universidade.

Os livros são compostos, em geral, por textos longos, bem maiores que os artigos, e são divididos em capítulos. É comum encontrar um capítulo introdutório e outros com o conteúdo geral, normalmente divididos em seções. No meio acadêmico, é comum também encontrar livros organizados, que podem ser coletâneas ou dossiês temáticos. Nessas obras, um ou mais autores são os organizadores, responsáveis pela estruturação geral do livro, e os capítulos são escritos por pessoas diferentes. Apesar disso, há sempre uma centralidade temática em uma obra organizada, de forma que há uma unidade e uma coerência interna entre os capítulos que compõem o livro.

Livros técnico-científicos são publicados por editoras especializadas, como as editoras universitárias e as editoras comerciais científicas. A credibilidade dessas publicações é assegurada pelo processo editorial, que inclui avaliações por um comitê científico composto de pesquisadores qualificados. Além disso, assim como os periódicos, os livros acadêmicos também são avaliados por instituições e entidades científicas. Faça uma busca na internet e procure conhecer a editora da sua universidade e de outras universidades brasileiras e estrangeiras.

Para ilustrar o que mostramos até aqui, sugerimos que você observe as características dos livros técnico-científicos no texto a seguir.

KOCH, I. V.; ELIAS, V. M. *Ler e compreender*: os sentidos do texto. 3. ed., 13ª reimpr.. São Paulo: Contexto, 2018.

O livro *Ler e compreender: os sentidos do texto* tem como objetivo apresentar didaticamente aos leitores estratégias de leitura a partir dos elementos deixados no texto por seu produtor. Para isso, a obra apresenta, em cada unidade, textos de vários gêneros para exemplificar a teoria e propor exercícios de leitura. Como todo livro técnico, ele apresenta uma capa com os principais dados da obra (autoria, título, editora, ilustração), contracapa com resumo da obra, orelhas com outras obras das autoras e um resumo de seus currículos. Depois da folha de rosto, observe que a ficha catalográfica, feita por bibliotecários, é uma parte muito importante, porque é onde você vai encontrar os dados para fazer a referência do livro (como mostraremos no capítulo "Planejando e fazendo uma pesquisa"). Depois, vem o sumário, a introdução, os capítulos do livro em sequência e as referências ao final.

Aproveite e faça uma leitura do texto, que tem muito a ajudar você no tema deste livro, que são os letramentos. Como temos defendido nesta obra, para ser um bom escritor, é preciso se apropriar de estratégias de leitura para a compreensão dos textos, e há muitas que podem ser úteis na leitura de gêneros acadêmicos, como saber analisar o texto em relação a seu contexto.

Em suma, ao lado dos artigos, os livros técnico-científicos são uma das fontes mais seguras para a coleta de informações para pesquisa acadêmica. Um bom lugar para encontrar um livro é a biblioteca da sua universidade. Mas, além das bibliotecas, a internet é sempre uma boa aliada. Sites das editoras universitárias e científicas são importantes lugares para a busca de livros. O Google Acadêmico, o Scielo livros (https://books.scielo.org/) e o próprio Portal de Periódicos da Capes também são muito úteis para esse tipo de busca.

CONHECENDO PESQUISAS

Reconhecendo periódicos e editoras predatórios

A lógica produtivista do ambiente acadêmico, em que o alto número de publicações de artigos científicos, capítulos de livros e de livros integrais gera benefícios e prestígio, fez com que surgissem publicações de má qualidade, que não servem como boas fontes de informação. Os conhecidos "periódicos predatórios" e "editoras predatórias" são um exemplo disso. Conheça um pouco sobre eles para evitar esse tipo de publicação.

Periódicos e editoras predatórios publicam artigos e livros que apresentam os mesmos padrões formais daqueles publicados por instituições sérias e éticas. Porém, em termos de conteúdo, os textos publicados por esses veículos predatórios não correspondem ao que se espera de uma publicação científica de qualidade, ou seja, não apresentam resultados de pesquisa confiáveis. Como esses veículos priorizam a quantidade e não a qualidade, eles não realizam uma avaliação por pares rigorosa dos trabalhos e, muitas vezes, publicam textos com problemas graves, como plágio, dados falsos, inconsistências teóricas e metodologia inadequada ou antiética. Essas publicações geram um impacto negativo na disseminação do conhecimento científico, uma vez que ultrapassam barreiras éticas da ciência. Há sites (como o Beall's List, em inglês, e o Predaqualis, em português) nos quais você encontra listas de periódicos predatórios a serem evitados tanto como fontes para a busca de informações quanto como possíveis veículos para a publicação de seus trabalhos.

A identificação de periódicos e editoras predatórios pode ser feita através da análise de um conjunto de características que, no Quadro 1, são contrastadas às características de periódicos e editoras éticos, sérios e avaliados como fontes confiáveis de informação. Os dados do quadro foram adaptados do artigo "Revistas predatórias: um inimigo a ser combatido na comunicação científica", de autoria de José Augusto Guimarães e Maria Cristina Hayashi, publicado no volume 21 da *Revista Digital de Biblioteconomia e Ciência da Informação*, em 2023.

Quadro 1 – Características de periódicos e editoras predatórios

Elementos dos periódicos e das editoras	Periódicos e editoras predatórios	Periódicos e editoras éticos/confiáveis
Título	O título é ambicioso ou muito amplo. No caso dos periódicos, não identifica uma área ou subárea do conhecimento. Por exemplo: *Revista Internacional de Pesquisa Acadêmica Avançada*. No caso das editoras, é vago, com o objetivo de abarcar diferentes áreas do conhecimento. Por exemplo: *Editora Científica* ou *Editora Acadêmica*.	O título é claro e específico. No caso dos periódicos, o título tem foco em um público específico, dentro de uma área ou subárea do conhecimento. Por exemplo: *Revista Brasileira de Linguística Aplicada*. No caso das editoras, o título costuma ser um nome próprio vinculado ao nicho de atuação da editora. Por exemplo, *Editora Contexto*.
Editor-chefe, conselho editorial e comissão científica	Não apresenta com clareza a vinculação institucional e a qualificação científica do editor-chefe e dos membros do conselho editorial ou da comissão científica que avalia os textos submetidos.	Apresenta com clareza a vinculação institucional e a qualificação do editor-chefe e dos membros do conselho editorial ou da comissão científica que avalia os textos submetidos. Em geral, são professores universitários ou outros profissionais reconhecidos no seu meio de atuação.
Foco e escopo	A cobertura temática é ampla, recebem artigos, capítulos e livros de distintas disciplinas e abordagens. No caso das editoras predatórias, é comum a publicação de coletâneas com capítulos de autores de diferentes áreas do conhecimento e que apresentam pesquisas sem vinculação a um tópico único; ou seja, há publicação de coletâneas sem coerência interna.	As publicações têm foco em um assunto ou em uma teoria dentro de uma área ou subárea do conhecimento. No caso de coletâneas, há uma coerência temática entre os capítulos, que são escritos por pesquisadores que se vinculam a uma mesma área do conhecimento ou a áreas afins.

CONHECENDO PESQUISAS

Revisão por pares e sistema de avaliação dos textos publicados	O processo de avaliação é inexistente, inadequado ou fabricado. Há rapidez na aceitação de textos para publicação e promessa de publicação rápida.	A aceitação dos textos para publicação é baseada em uma avaliação técnica e qualitativa. O processo é lento e pode demorar meses. No caso dos artigos e dos capítulos de livros organizados, a avaliação é feita por pelo menos uma dupla de pareceristas qualificados, escolhidos do corpo editorial ou convidados. Em geral, a avaliação é duplo-cega (anônima). No caso da publicação de livros completos pelas editoras, a avaliação é feita pelo editor e, posteriormente, por membros do comitê científico.
Taxas	Há cobrança de taxas dos autores para submissão, publicação, envio e/ou manuseio. A publicação é condicionada ao pagamento.	Em geral, não há cobrança de taxas dos autores em nenhum momento do processo. A publicação não é condicionada ao pagamento de taxas. Taxas opcionais podem ser cobradas para disponibilização gratuita de artigos em periódicos em que há cobrança para acesso aos artigos publicados (pouco comum no Brasil). No caso de publicação de livros, taxas também podem ser cobradas para a impressão ou a disponibilização gratuita, especialmente em formato de e-book.
Divulgação e marketing	Adotam políticas agressivas de divulgação e marketing. Estudantes e pesquisadores são abordados por e-mail com convites para a publicação de textos específicos, mesmo que estes já estejam publicados em outros veículos. Em geral, os e-mails enviados já consideram o trabalho aprovado para publicação, mesmo que o autor não tenha submetido o texto para aprovação. É desse comportamento que surge o rótulo de "predatório".	Nunca há o convite para a publicação de um trabalho específico. Não são aceitas submissões de trabalhos já publicados em outros veículos. No caso de artigos, o periódico divulga o processo de submissão por meio de seu site e abre chamadas periódicas, que podem ser divulgadas por listas de e-mail. No caso de livros, os autores devem submeter suas propostas de acordo com as normas da editora em que pretendem publicar. As editoras divulgam essas normas em suas páginas na internet.

Ética	Não há políticas de retratação, verificação de plágio, autoplágio, manipulação e uso não autorizado de imagens e ilustrações. Reeditam textos sem autorização do autor.	A autoria é levada a sério. Artigos e livros submetidos são verificados para plágio e autoplágio. Caso sejam constatados problemas éticos na condução da pesquisa ou na escrita após a publicação, é feita a retratação.
Edições (para periódicos)	Um grande volume de trabalhos é publicado em um único número ou volume. Não há regularidade no cronograma de publicação.	O periódico tem um cronograma anual de submissões e publicações, publica edições regulares, com um número pequeno de artigos.

Fonte: Adaptado de Guimarães e Hayashi (2023).

Como vimos, artigos e livros científicos são as principais fontes de informação para a pesquisa acadêmica, uma vez que passam por um rigoroso processo de avaliação, que garante a confiabilidade do conteúdo desses textos. É importante, então, conhecê-los e saber onde buscá-los. Mas vale lembrar que é importante também desenvolver habilidades de pesquisa crítica, para que você saiba reconhecer, para além da forma, o que é um texto acadêmico de qualidade e uma fonte confiável de informação. Um bom pesquisador não pode se prender ao formato do gênero; precisa identificar e avaliar os metadados da fonte, ou seja, as informações que acompanham o texto, principalmente a autoria; avaliar o veículo que divulga o texto; realizar uma leitura dinâmica para identificar se o artigo ou o livro são relevantes para seus objetivos e, se forem, realizar leitura completa; e saber relacionar obras sobre o mesmo tema de pesquisa.

Agora que você já sabe buscar informações para a pesquisa acadêmica e avaliar a confiabilidade das suas fontes, vai usar os sites de busca indicados neste capítulo para encontrar um bom artigo na sua área de interesse.

■ **ATIVIDADE 1:** Encontrando artigos relevantes para sua pesquisa

Procure um artigo científico, publicado em um periódico científico ético e confiável, que seja relevante para a sua área de estudos. Use um dos sites que indicamos anteriormente:

Scielo: http://www.scielo.org
Google Acadêmico: http://scholar.google.com.br
Portal de Periódicos da Capes: http://www.periodicos.capes.gov.br

Depois disso, você deve:

1. Indicar os dados de identificação (título, autoria, periódico, número, volume, páginas e ano de publicação) e o link do artigo escolhido;
2. Justificar sua escolha respondendo às perguntas:

   - Por que você escolheu este artigo?
   - Qual a relevância deste texto para a sua área de estudos?
   - Que contribuições o(s) autor(es) do texto trouxe(ram) para o tema abordado?

Critérios de apreciação

Para a realização adequada desta atividade, espera-se que você:

- Selecione um artigo publicado em um periódico científico (e não outro gênero acadêmico, como dissertação, ensaio, livros etc.).
- Selecione um bom artigo científico da sua área a partir da busca em uma fonte confiável (Scielo, Google Acadêmico ou Portal de Periódicos da Capes), que tenha sido publicado em um periódico igualmente confiável.
- Indique corretamente os dados de identificação (título, autoria, periódico, número, volume, páginas e ano de publicação) e o link do artigo escolhido.
- Justifique a escolha do artigo por meio de um parágrafo bem construído e coerente, com início, desenvolvimento e conclusão.
  - Reflita e escreva um parágrafo sobre a relevância do texto para sua área de estudo, destacando as contribuições que o(s) autor(es) apresenta(m) para o tema abordado.

É fundamental avaliar criticamente a confiabilidade das fontes de informação utilizadas em suas pesquisas universitárias. Ao selecionar bem as fontes, você poderá garantir a qualidade e a credibilidade de seus textos acadêmicos, evitando referências de veículos predatórios ou desatualizados, que podem comprometer a força dos seus argumentos. Ao ter esse cuidado, você não só fortalece a credibilidade do texto, como também se protege contra acusações de plágio, ao assegurar que as ideias de outros autores sejam corretamente citadas (ver capítulo "Planejando e fazendo uma pesquisa" sobre normas de citações).

ESTRATÉGIAS DE LEITURA

Para fundamentar bem a sua pesquisa, além de fazer uma busca em fontes confiáveis, é necessário fazer uma leitura qualificada dos trabalhos que você encontrar. Afinal, esses serão os textos que você vai utilizar como fontes de informação para a construção de novos conhecimentos.

Mafra, em *Ler e tomar notas: primeiros passos da pesquisa bibliográfica* (2018), ensina que esse tipo de leitura deve ter como objetivo a coleta de informações relevantes para o trabalho acadêmico a ser executado. Buscamos nesses textos informações e resultados de pesquisas que possam responder a problemas e questionamentos para os quais procuramos soluções. Essa leitura, como se espera de um bom leitor, precisa ser crítica, o que significa que você deve ser capaz não só de compreender bem o que lê, mas de selecionar aquilo que for do seu interesse e que for relevante para a sua pesquisa. Além disso, você precisa refletir sobre as informações encontradas, contrastando-as com seus conhecimentos prévios, com o que encontrou em outros materiais e com seus próprios resultados.

Uma boa forma de conseguir fazer tudo isso é por meio de registros resumidos e esquemáticos das suas leituras. Por isso, é fundamental que você saiba como fazer anotações de diferentes formas, que te auxiliem na seleção de informações relevantes dos trabalhos que você leu. Existem muitas maneiras de fazer isso. É o que vamos te mostrar a seguir.

Esquema de leitura

Uma importante ferramenta que auxilia na construção de um caminho para a leitura e para a seleção de informações é o esquema. Vamos conhecer um pouco melhor essa ferramenta.

A principal função do esquema é auxiliar o processo de leitura e compreensão de textos, pois possibilita que você selecione e organize partes fundamentais do seu conteúdo, permitindo que possa depois retomar esse conteúdo sem ter de reler o material todo. Marcando e anotando as partes que considera mais importantes, você vai conseguir monitorar sua leitura, percebendo o que está claro e o que ainda precisa de mais investimento para uma melhor compreensão. Muitas vezes, as ideias apresentadas em um texto nos escapam logo depois da leitura. É aí que o esquema pode nos ajudar. Fazendo esquemas, estudamos e compreendemos melhor o que lemos e ainda temos o registro do que consideramos importante para uma consulta rápida depois.

Sempre que você fizer um esquema para o que vier a ler ao longo da sua vida acadêmica, pergunte a si mesmo se ele cumpriu esses objetivos.

Em geral, o esquema não tem regras formais muito fixas. Ele é uma estrutura com termos-chave ou frases curtas, organizados em uma lista de tópicos, que te lembrarão do tema principal de um texto, da estrutura da argumentação que ele apresenta e da conclusão que o torna em geral relevante. Existem várias formas de fazer esquemas: pode ser com itens, setas ou boxes contendo as ideias principais de um texto, organizadas hierarquicamente de acordo com seu grau de importância, sendo que as mais importantes devem ter mais destaque.

Elencamos a seguir dois formatos de esquema para você se inspirar. Observe que há diferentes opções possíveis (e essas não são as únicas). Além do modelo de ideias hierárquico, um esquema pode ser centralizado, ter vários centros ou mesmo ter um fluxo de ideias contínuo (uma ideia levando à outra), seguir uma estrutura cronológica dos fatos ou se basear em uma estrutura causal, ou seja, de causas e consequências. O que importa é que ele deixe bem claro o tema principal do texto original e as ideias mais importantes relacionadas a ele, sempre tendo como norte os seus objetivos de leitura.

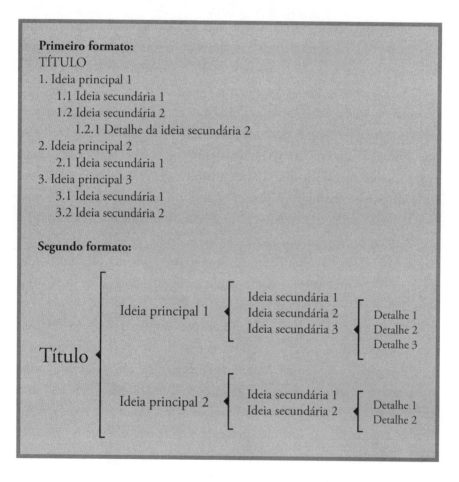

Para entender melhor como é a construção de um esquema, vamos ver como exemplo um trecho do livro *Diário de um artigo inacabado*, de Robson Cruz (2023, p. 158-159). Esse livro, uma ficção contada em forma de diário, relata a complexa trajetória de escrita de um artigo científico. Mas esse relato é feito por um narrador bastante inusitado: o próprio artigo.

CONHECENDO PESQUISAS

BRASIL, 5 DE AGOSTO DE 2014
O VALOR DA ESCRITA EM PRIMEIRA PESSOA

Nunca pensei que diria isso, mas adoro quando meu Autor me escreve em primeira pessoa. Algo que ele faz apenas em duas ocasiões: quando escreve em mim alguma coisa que não tem nada a ver comigo para ser copiado e colado em outro lugar, um e-mail ou uma mensagem no WhatsApp, e quando alguma entidade psicotrópica baixa nele. Quando seu superego amortiza e ele faz isso, sinto por instantes a originalidade emergindo em minhas frases, a fluência irradiando em meus parágrafos e uma conexão rara e natural se formando no interior da minha estrutura textual, como se estivesse me transformando no manuscrito que nasci para ser. Infelizmente, esses momentos são raros, e quando meu Autor toma o mínimo de consciência de que está me escrevendo em primeira pessoa, seu teclar lascivo cessa e toques inseguros voltam a existir como se nem teclar ele soubesse mais. É aí que começam os insuportáveis "percebe-se", "averigua-se", "analisa-se", "constata-se", "investiga-se", "salienta-se", "avalia-se", "verifica-se", "indaga-se".

Quando a consciência da pessoalidade em minha escrita surge, meu Autor fraqueja, e a faísca de vigor e autoria que despontava se esvaece, substituída pelos inseguros "segundo fulano", "conforme beltrano" e o irritante "nas palavras de sicrano". Penso se não é o caso de ele escrever em primeira pessoa, em outro arquivo, o que deveria estar escrito em mim e só então transpor tudo para o meu corpo. Não tenho problema nenhum em ser formalizado depois. Foi assim que Hegel escreveu seu texto mais abstrato, que John Locke escreveu seu texto mais empírico, que Roland Barthes escreveu seu texto mais estruturado, que Walter Benjamin escreveu seu texto mais fragmentado. No Brasil, contudo, isso não seria aceitável, ao menos não para um autor brasileiro.

Não me importaria ser todo escrito em primeira pessoa e só depois ser formalizado, pois essa operação manteria ainda assim a voz do autor no silêncio audível que todo artigo autoral é capaz de transmitir para seu público. Todos falam que essa operação é quase sem dor e que o resultado estético, impecável. O brilho jovial da pele textual de artigos clássicos evidencia a eficácia da voz pessoal que os perpassa, mesmo que a revisão os tenha tornado artigos sem qualquer sinal de primeira pessoa.

Há várias formas de se esquematizar o texto "O valor da escrita em primeira pessoa". Exemplificamos uma dessas formas a seguir, utilizando o primeiro formato de esquema, apresentado anteriormente:

BRASIL, 5 DE AGOSTO DE 2014
O VALOR DA ESCRITA EM PRIMEIRA PESSOA

Trecho do livro *Diário de um artigo inacabado*, de Robson Cruz, Editora Parábola, 2023, p. 158-159.

Esquema

1. O artigo gosta que seu Autor o escreva em primeira pessoa.
2. É raro que o Autor escreva o artigo em primeira pessoa.

    2.1 O Autor só escreve em primeira pessoa em duas ocasiões:

        2.1.1 Quando está escrevendo outra coisa no arquivo do artigo.

        2.1.2 Quando uma entidade psicotrópica baixa nele.

3. Quando o Autor escreve em primeira pessoa, o artigo sente originalidade, fluência, conexão na estrutura textual.
4. Quando o Autor toma consciência de estar escrevendo em primeira pessoa, ele se sente inseguro.

    4.1 Ele para de usar primeira pessoa e volta a usar formas impessoais.

    4.2 Ele fraqueja e busca citar outros autores.

5. O artigo sugere escrever em primeira pessoa e depois revisar o texto.

    5.1 Muitos autores importantes escrevem e depois revisam, mas isso não seria aceitável no Brasil, pelo menos para autores brasileiros.

    5.2 Escrever em primeira pessoa transmite a voz do autor, mesmo que marcas de primeira pessoa sejam removidas na revisão.

O trabalho acadêmico é fundamentalmente baseado na leitura de diferentes autores. Por isso, todo estudante universitário precisa ler e compreender bem outros textos acadêmicos e saber selecionar as informações mais relevantes apresentadas neles. O esquema é um gênero que nos ajuda na leitura, nos faz refletir sobre o que é mais importante e resumir aquilo que entendemos.

Propomos, portanto, um exercício de criação de esquema para te ajudar a desenvolver essas habilidades de leitura.

CONHECENDO PESQUISAS

■ **ATIVIDADE 2:** Produzindo um esquema de leitura

Nesta atividade, você deve fazer um esquema do artigo que você encontrou na Atividade 1 ("Encontrando artigos relevantes para sua pesquisa"). Retome o artigo selecionado, leia-o com muita atenção e faça um esquema apresentando suas ideias principais em forma de tópicos, usando um dos dois formatos de esquema indicados.

Critérios de apreciação

Para o cumprimento da Atividade 2, espera-se que você:
- Leia atentamente o artigo científico selecionado para a Atividade 1.
- Selecione as informações realmente mais relevantes do artigo para constar no esquema.
- Use um dos modelos de esquema sugeridos neste capítulo.
- Construa para o artigo selecionado um esquema que:
  - recupere as ideias principais e mais relevantes do texto lido;
  - seja conciso, objetivo e, ao mesmo tempo, informativo;
  - apresente as partes e as relações entre elas de forma clara;
  - esteja bem organizado e bem formatado;
  - apresente de forma clara a indicação hierárquica de tópicos, itens e subitens.
  - indique os dados de identificação do artigo (título, autoria, periódico, número, volume, páginas, ano de publicação, link de acesso) no cabeçalho do esquema.
- Faça uma revisão da linguagem, verificando se seu texto está claro e coerente; observe também a estrutura do texto, identificando e corrigindo erros de digitação, frases mal formuladas, aspectos gramaticais etc.

Se você fez tudo isso, existe uma grande chance de seu esquema estar muito bom.

LETRAMENTO ACADÊMICO

Outras formas de organização da leitura

Além do esquema, há outras formas de anotar e organizar as informações de um texto lido. Algumas delas são até mesmo cobradas por professores nas disciplinas dos cursos de graduação. A seguir, apresentamos duas dessas formas, muito frequentes na universidade: o fichamento e o mapa conceitual.

FICHAMENTO

O nome "fichamento" deriva do tipo de suporte que costumava ser utilizado para se fazer registros de leitura no processo de pesquisa bibliográfica: as fichas. Essas fichas eram compradas em papelarias, usadas para registrar informações importantes dos textos lidos e depois guardadas em ficheiros ou arquivos para fácil consulta. Atualmente, não usamos mais esse suporte devido à praticidade dos editores de texto e da organização das pastas nos nossos computadores. Mas ainda continuamos fazendo fichamentos manualmente, em cadernos, por exemplo. O processo em si tem até hoje a mesma relevância; por isso, o nome "pegou", e continuamos fazendo fichamentos dos textos que lemos na universidade.

Diferentemente dos esquemas, os fichamentos não têm uma estrutura esquemática e hierárquica. Eles são compostos por anotações que incluem tanto trechos e informações retirados do texto usado como referência como também observações do próprio leitor. Um fichamento pode incluir até mesmo um resumo do material lido. Para maior clareza e facilidade de retomadas futuras, é fundamental que as informações e citações retiradas do texto estejam devidamente identificadas como tais e também que as observações do leitor estejam claramente indicadas. Essa é uma etapa importante para que não se incorra em erros de citação ou até mesmo em plágio.

As informações completas de identificação do texto fichado também não podem deixar de constar do seu fichamento: título, autoria, veículo de publicação, data de publicação etc. Considerando que o fichamento vai servir como um material de consulta futuro, sem que seja necessário retomar o texto original, é importante que todas essas informações de referência estejam devidamente registradas.

Fazer fichamentos, assim como fazer esquemas, também é muito útil para auxiliar a compreensão. Veja a seguir um exemplo de fichamento para o texto exemplificado no início deste capítulo, "O valor da escrita em primeira pessoa". Lembramos que, assim como há muitas formas de se fazer um esquema, há muitas formas de se fazer um fichamento. O fichamento apresentado a seguir é um exemplo, mas não é a única maneira de se fichar um texto. Tudo depende dos objetivos da sua leitura.

BRASIL, 5 DE AGOSTO DE 2014

O VALOR DA ESCRITA EM PRIMEIRA PESSOA

Trecho do livro *Diário de um artigo inacabado*, de Robson Cruz, Editora Parábola, 2023, p. 158-159.
Fichamento
Resumo: O *Diário de um artigo inacabado* é uma ficção em que o próprio artigo científico relata a sua trajetória (inacabada) de escrita. O texto "O valor da escrita em primeira pessoa" corresponde ao relato de um dia do referido diário, 5 de agosto de 2014. No relato desse dia, o artigo conta que gosta de ser escrito por seu autor em primeira pessoa, mas que ele raramente faz isso; quando o faz, se sente inseguro e se vale de outras estratégias textuais. O artigo argumenta que escrever em primeira pessoa torna o texto melhor e que o ideal é escrever em primeira pessoa e revisar depois, ajustando as marcas do texto.

O artigo gosta de ser escrito em primeira pessoa. Segundo o artigo, quando o Autor escreve em primeira pessoa, ele sente "por instantes a originalidade emergindo em minhas frases, a fluência irradiando em meus parágrafos e uma conexão rara e natural se formando no interior da minha estrutura textual, como se estivesse me transformando no manuscrito que nasci para ser."

*Comentário: escrever o texto acadêmico em primeira pessoa gera originalidade, fluidez e maior coesão.

LETRAMENTO ACADÊMICO

Não é comum que o Autor escreva o artigo em primeira pessoa. Segundo o artigo, o Autor só faz isso em duas ocasiões: "quando escreve em mim alguma coisa que não tem nada a ver comigo para ser copiado e colado em outro lugar, um e-mail ou uma mensagem no WhatsApp, e quando alguma entidade psicotrópica baixa nele." Ao tomar consciência de estar escrevendo em primeira pessoa, porém, o Autor, inseguro, se volta a outras estratégias, como o uso da impessoalidade (ex.: "percebe-se", "averigua-se", "analisa-se", "constata-se", "investiga-se", "salienta-se", "avalia-se", "verifica-se", "indaga-se") e a citação (ex.: "segundo fulano", "conforme beltrano", "nas palavras de sicrano").

*Comentário: será que não escrevemos em primeira pessoa por insegurança, medo de afirmarmos nossas próprias opiniões? E aí nos valemos de inúmeras citações e da impessoalidade, para nos tirar a responsabilidade da afirmação sobre o que é dito? É importante pensar sobre isso!

Para o Artigo, devemos escrever em primeira pessoa, mesmo que depois se faça revisões, ajustando as expressões de pessoalidade. Ele menciona que a voz do Autor permanece em artigos escritos em primeira pessoa, mesmo após as revisões. Afirma que textos de importantes escritores foram escritos assim (Hegel, John Locke, Roland Barthes, Walter Benjamim). Segundo ele, "No Brasil, contudo, isso não seria aceitável, ao menos não para um autor brasileiro".

*Comentário: a "proibição" ao uso de primeira pessoa na escrita acadêmica no Brasil estaria ligada a uma insegurança geral em relação à produção científica global? Como será que se escreve nos textos científicos em outras línguas e outros países? Essa escrita acadêmica impessoal acontece em todas as áreas de conhecimento? Textos acadêmicos são autorais e argumentativos, artigos resultam de trabalhos de pesquisa feitos por pessoas. Nada mais adequado que usar a primeira pessoa nesses textos, mesmo que as marcas de pessoalidade sejam revistas depois.

MAPA CONCEITUAL

Os mapas conceituais são um modelo de esquematização muito usado e útil para o registro de informações selecionadas de um texto lido. Trata-se de uma representação gráfica, em duas dimensões, de um conjunto de conceitos construídos de tal forma que as relações entre eles sejam evidentes, como neste exemplo:

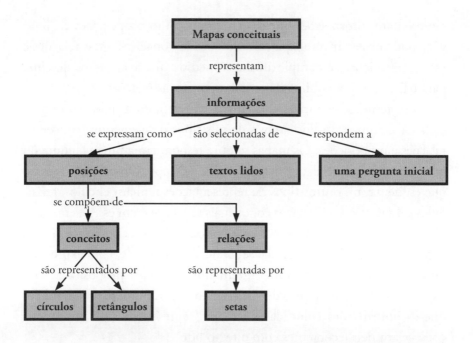

O primeiro passo para a construção de um mapa conceitual é a formulação de uma pergunta. Todo mapa conceitual precisa ter um escopo, um objetivo, precisa responder a uma pergunta ou questionamento. A pergunta selecionada deve ser coerente com os objetivos de leitura do texto a ser mapeado. Após a seleção da pergunta, você deve buscar por termos importantes, palavras-chave, que serão os conceitos do mapa, representados graficamente por círculos ou retângulos. E, por fim, você precisa estabelecer as relações entre esses conceitos, que serão representadas por setas direcionais, ligando-os. Cada seta é nomeada a partir de uma expressão de ligação, de natureza verbal, que indica o tipo de relação estabelecida entre os conceitos. Uma vez que dois conceitos estão relacionados, você terá criado uma proposição, que é uma frase afirmativa passível de ser verificada como verdadeira ou falsa.

A pergunta que motiva o mapa apresentado anteriormente, por exemplo, é "o que é um mapa conceitual?". São conceitos apresentados neste exemplo "mapas conceituais", "informações" e "proposições"; e as relações que ligam esses conceitos são "representam" e "se expressam como". Ao final, temos como uma proposição "Mapas conceituais representam informações que se expressam como proposições". Como você pode observar no mapa completo, esses conceitos, essas relações e essas proposições se complexificam à medida que avançamos de cima para baixo e nas possibilidades criadas por novas relações.

Em resumo, os mapas conceituais representam a informação selecionada de um texto lido através de três tipos de elementos: conceitos, relações e proposições. Os mapas sempre respondem a uma pergunta ou questionamento inicial, que determina o seu escopo. Observe que mesmo que esquemas ou outros tipos de representações tenham círculos, retângulos e setas, não serão mapas conceituais se não tiverem esses elementos.

Para construir um bom mapa conceitual é preciso relacionar os conceitos de forma estruturada, sequencial ou em rede, com expressões de ligação que, no conjunto, trazem uma ou mais proposições com significado lógico do ponto de vista semântico. É fundamental também que as informações colocadas no mapa, representadas pelas proposições, sejam fiéis e coerentes com o texto lido.

Você pode fazer seu mapa conceitual de forma manual, usando uma folha de papel, por exemplo, ou de forma mais automatizada, usando um software. Existem opções de programas livres e proprietários para a criação dos mapas, que você pode encontrar na internet. Os editores de texto que usamos no nosso cotidiano apresentam também várias ferramentas que podem te ajudar a fazer seus mapas.

Além da sistematização de um texto lido, mapas conceituais podem ser usados em outras situações, como a organização de uma unidade de estudo, de um curso, de uma palestra, entre outras possibilidades. Eles ajudam, principalmente, a organizar as ideias antes da produção de um texto, qualquer que seja sua forma, identificar incoerências, inconsistências na argumentação, repetições e possibilitar a correção na produção de outros textos.

Vejamos em seguida um exemplo de mapa conceitual para o texto exemplificado no início deste capítulo, "O valor da escrita em primeira pessoa". A pergunta central deste mapa é: "Qual é o valor da escrita em primeira pessoa?". Lembramos que, assim como para os esquemas e fichamentos, não há somente uma possibilidade de construção de um mapa conceitual para um determinado texto.

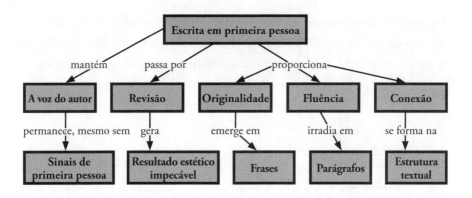

Para fechar essa questão, observe que no mapa temos 11 conceitos, 8 expressões de ligação e 10 proposições. Vamos deixar as proposições listadas a seguir, para que você visualize a estrutura do mapa e também veja como ele responde à questão "Qual é o valor da escrita em primeira pessoa?":

1. Escrita em primeira pessoa mantém a voz do autor.
2. A voz do autor permanece, mesmo sem sinais de primeira pessoa.
3. Escrita em primeira pessoa passa por revisão.
4. Revisão gera resultado estético impecável.
5. Escrita em primeira pessoa proporciona originalidade.
6. Escrita em primeira pessoa proporciona fluência.
7. Escrita em primeira pessoa proporciona conexão.
8. Originalidade emerge em frases.
9. Fluência irradia em parágrafos.
10. Conexão se forma na estrutura textual.

Conceitualmente, as proposições podem ser interligadas: "Escrita em primeira pessoa mantém a voz do autor, que permanece, mesmo sem sinais de primeira pessoa"; "Escrita em primeira pessoa passa por revisão, que gera resultado estético impecável"; "Escrita em primeira pessoa proporciona originalidade, que emerge em frases"; "Escrita em primeira pessoa proporciona fluência, que irradia em parágrafos"; "Escrita em primeira pessoa proporciona conexão, que se forma na estrutura textual".

Além dos mapas conceituais, existem também os mapas mentais, que são semelhantes aos primeiros, mas não usam verbos ligando os substantivos.

A seguir, exemplificamos um mapa mental sobre o mesmo texto. Observe que seu design foi criado para relacionar informações ramificadas de uma maneira visual, com estrutura que se assemelha a uma árvore, com raízes e galhos. Ao contrário do mapa conceitual, o mapa mental é mais livre e não organiza os conceitos de forma hierárquica e ligada por verbos.

Com essa exemplificação, esperamos que você tenha observado como pode organizar melhor as suas leituras e selecionar informações através das formas de registro apresentadas aqui. Esperamos também que, com a leitura do texto "O valor da escrita em primeira pessoa", você tenha refletido sobre um velho mito que circula no ambiente universitário, aquele que diz que não se deve escrever nunca em primeira pessoa. Em geral, os gêneros acadêmicos são apresentados em terceira pessoa ou primeira pessoa do plural, a depender das escolhas dos autores, que podem estar relacionadas a práticas comuns em cada área de conhecimento. Por exemplo, na área de exatas é mais comum o uso da terceira pessoa, e na área de humanas é frequente o uso da primeira pessoa do plural. Mesmo que os gêneros e as práticas acadêmicas sejam regidos por regras mais formais de escrita, você deve deixar transparecer a sua personalidade no seu trabalho, pois você é o autor. Como vimos no texto de Robson Cruz, mesmo que você escolha escrever em terceira pessoa, a sua originalidade e a sua voz devem emergir. Seu trabalho precisa ter a sua cara. O leitor deve "ouvir você falando" quando estiver lendo o seu texto.

Como mostramos nesta seção, independentemente das diferenças conceituais e de uso, que podem ser aprofundadas em outras leituras, os esquemas, os fichamentos, os mapas conceituais e mentais podem ser usados como formas de você compreender um texto, de gradativamente abstrair suas ideias principais e de selecionar as informações mais importantes para seus objetivos de leitura. São, portanto, essenciais no processo de conhecer pesquisas.

Dica importante: Os esquemas e outros gêneros de sistematização, como os mapas, podem e devem ser usados também na preparação e organização dos textos a serem produzidos. Antes de produzir um texto oral ou escrito, você pode fazer anotações do que vai dizer/escrever e de como essas informações serão organizadas. Isso pode te poupar muito tempo e trabalho. Primeiro, faça o planejamento do texto com as ideias principais a serem elaboradas em cada parte e, depois, desenvolva essas ideias, que já estão todas organizadas.

RESENHA ACADÊMICA

Para encerrar este capítulo, vamos discutir, por fim, um gênero muito importante para conhecermos novas pesquisas: a resenha acadêmica. A resenha é um gênero bastante comum na universidade, e, provavelmente, algum professor já solicitou ou vai solicitar que elabore uma em algum momento do seu curso.

De forma geral, a resenha é uma síntese comentada e avaliativa de determinada obra, sejam livros, filmes, peças teatrais, álbuns, jogos digitais, artigos, entre outros. No meio científico, as chamadas resenhas acadêmicas se voltam para a síntese e avaliação de textos acadêmicos, mais comumente livros técnico-científicos, com a função de apresentar uma nova obra à comunidade científica da área. As resenhas acadêmicas são publicadas em periódicos científicos e escritas por pesquisadores e estudiosos da área da obra resenhada, inteirados do assunto e capazes de avaliar aquela produção.

Do ponto de vista da estruturação, esses textos seguem um modelo quase padronizado: geralmente apresentam um cabeçalho com o título da resenha, nome do resenhista e os dados bibliográficos da obra resenhada. Depois dessa primeira parte, há a apresentação e contextualização da obra, com dados sobre o autor e seu currículo acadêmico e com informações sobre os capítulos, sua estruturação, quantidade de páginas etc. É feita, então, a descrição e a síntese do conteúdo, apresentando de forma breve os assuntos abordados na obra. O terceiro ponto de uma resenha é a crítica e a avaliação, tanto de cada parte quanto da obra como um todo. A avaliação pode ser feita ao longo da descrição e da síntese do conteúdo ou de forma separada. A última parte é uma recomendação ao leitor: deve-se ler a obra resenhada? Para quem ela é escrita? Para que ela serve? Qual é a sua relevância no contexto da área do conhecimento em que se insere? etc.

Assim, a resenha serve como uma forma de apresentação crítica de novas pesquisas e novos trabalhos para os pesquisadores de uma comunidade científica. Através dela, é possível conhecer e avaliar novas publicações na sua área de estudos.

Para ilustrar o que mostramos até aqui, sugerimos que você observe essas características na resenha do livro *Como produzir textos acadêmicos e científicos*, de Ada Magaly Matias Brasileiro, publicado pela Editora Contexto em 2022. A resenha foi escrita por Rosa Yokota e Luiz Ricardo Gonsalez Micheletti e publicada no número 47 do volume 17 da *Revista de Letras Norte@mentos*, em 2024.

A resenha se inicia com o título, informações sobre os resenhistas e a referência completa da obra resenhada:

COMO PRODUZIR TEXTOS ACADÊMICOS E CIENTÍFICOS

Rosa Yokota[1]
Luiz Ricardo Gonsalez Micheletti[2]

BRASILEIRO, Ada Magaly Matias. *Como produzir textos acadêmicos e científicos*. 1.ed. São Paulo: Contexto, 2022.

[1] Doutorado em Letras (Língua Espanhola e Lit. Espanhola e Hispano-Americ.) (2007). Atualmente é Professora Associada 4 da Universidade Federal de São Carlos (UFSCar) no Curso de Letras (Espanhol-Português) e do Programa de Pós-Graduação em Linguística da Universidade Federal de São Carlos (UFSCar). E-mail: ryokota@ufscar.br ORCID: https://orcid.org/0000-0002-1672-1430

[2] É graduado do curso de Letras: Português e Espanhol pela Universidade Federal de São Carlos (UFSCar). Graduado em Letras: Português e Japonês pela Universidade de Franca (UNIFRAN). E-mail: luizgonsalezm@gmail.com ORCID: https://orcid.org/0009-0003-7832-1859.

CONHECENDO PESQUISAS

Após o cabeçalho, os resenhistas contextualizam o tema do livro, descrevendo brevemente o cenário de pesquisa na universidade. Logo em seguida, fazem a apresentação da obra e da autora:

> O livro *Como produzir textos acadêmicos e científicos*, da editora Contexto, abarca diferentes gêneros acadêmico-científicos que fazem parte da vida de estudantes, docentes e pesquisadores no dia a dia da universidade. A autora, Ada Magaly Matias Brasileiro, tem sua formação acadêmica realizada em Minas Gerais, em diferentes instituições, sendo doutora em Linguística e Língua Portuguesa pela PUC Minas. Profissionalmente, fez sua carreira no mesmo estado e, atualmente, é docente da Universidade Federal de Ouro Preto (UFOP). Ela já tinha dois títulos publicados sobre a temática da escrita acadêmica, de 2016, *Manual de produção de textos acadêmicos e científicos* e, do mesmo ano, *Leitura e Produção Textual*.

Depois, temos um breve resumo da estrutura e do conteúdo da obra:

> São quatro as divisões da obra em questão. A primeira parte disserta sobre as convenções do mundo acadêmico; em seguida, prossegue detalhando as normas para a composição dos trabalhos acadêmicos; posteriormente, passa a apresentar temas referentes à metodologia do texto científico e, por fim, apresenta 27 gêneros textuais presentes na vivência acadêmica.

Após esse breve resumo, os autores explicam em maiores detalhes o conteúdo de cada parte. Em seguida, apresentam críticas e avaliações tanto de partes específicas da obra quanto do conteúdo geral, a exemplo dos trechos a seguir:

> A obra privilegia as necessidades do estudante de graduação que, ao ser inserido no contexto da universidade, pode se encontrar confuso com tantas informações e novas vivências. Se os universitários puderem ter a obra consigo durante os vários anos de estudo, será de grande valia, pois ela apresenta as bases para a pesquisa e redação de diversos gêneros textuais. O leitor é apresentado a um universo de conceitos com múltiplos exemplos que poderão guiá-lo com mais confiança.

> As inúmeras descrições são feitas de modo detalhado e didatizado, ao se trazer diversos autores em diálogo com as temáticas. Não privilegiando uma área em específico, a obra abarca diversas áreas e suas especificidades. Algo interessante que a autora traz em seu texto são comentários paralelos como curiosidades e dicas que tornam a leitura mais fluida, instigante e prazerosa.

Os autores avaliam a obra positivamente e argumentam sobre sua importância no cenário acadêmico nacional. Porém, também tecem comentários sobre as limitações do trabalho, como ilustra o trecho seguinte:

> A informação de que as revistas científicas adotam diferentes normas poderia ser mais explorada. A autora assinalou o método Vancouver para a área de saúde, porém, em algumas áreas, as revistas adotam normas internacionais ou outras próprias, não a ABNT. Há revistas da própria área de Letras e Linguística que têm normas próprias, que poderiam ter sido comentadas ou exemplificadas.

Finalmente, os autores da resenha observam a relevância e os pontos fortes da obra discutida e arrematam com a recomendação da sua leitura para um público-alvo específico: estudantes e docentes universitários, mostrando também possíveis formas e contextos de aplicação da obra:

> Assim, o livro retrata os diversos recortes textuais e científicos abordados na pesquisa acadêmica, norteando conceitos e aprofundamentos especialmente para estudantes iniciantes no contexto acadêmico. A obra pode ser utilizada como bibliografia básica para cursos universitários sobre as metodologias de pesquisa acadêmica, além de ser de consulta recomendada em momentos de dúvida e necessidade de auxílio na produção de diversos gêneros orais e escritos no percurso de estudantes e docentes.

Vamos seguir explorando a estrutura desse importante gênero acadêmico na próxima atividade.

CONHECENDO PESQUISAS

■ **ATIVIDADE 3:** Analisando uma resenha acadêmica

Agora que você já conhece esse gênero textual, sua tarefa é encontrar uma resenha acadêmica de um livro técnico-científico da sua área de estudos em uma fonte confiável. Retome o que você aprendeu sobre busca de informações em fontes confiáveis para encontrar uma resenha acadêmica em sites como Scielo, Google Acadêmico e Portal de Periódicos da Capes. Esta tarefa consiste em quatro etapas:

1. Encontre uma resenha acadêmica de um livro da sua área de estudos em uma fonte confiável na internet.
2. Faça a leitura da resenha encontrada.
3. Depois, escreva um pequeno parágrafo com um comentário sobre a resenha que responda às seguintes perguntas:
   - Por que você escolheu esta resenha?
   - Qual é a obra resenhada?
   - Qual é o tema da obra resenhada?
   - Qual é a avaliação geral do resenhista sobre a obra resenhada?
   - Segundo o resenhista, qual é a relevância da obra resenhada para a sua área de estudos?
   - Que recomendação o resenhista faz sobre a obra resenhada?
4. Acrescente ao seu comentário os dados para a recuperação da resenha, como o título, o nome do resenhista, o periódico, incluindo número e volume, a data de publicação e o link para baixá-la.

Dica importante: estamos falando de resenhas acadêmicas de livros técnico-científicos encontradas em periódicos científicos sérios e éticos. Então, não vale resenha que não seja acadêmica, como as publicadas em blogs, jornais, sites diversos e redes sociais, por exemplo.

Critérios de apreciação

Para o cumprimento da Atividade 3, espera-se que você:

- Selecione uma resenha acadêmica em um periódico científico (e não outro gênero acadêmico, nem uma resenha não acadêmica).
- Selecione uma boa resenha acadêmica sobre um livro da sua área a partir da busca em uma fonte confiável (Scielo, Google Acadêmico ou Portal da Capes), que tenha sido publicada em um periódico ético e insuspeito.
- Redija um comentário sobre a resenha que:
  - consista em um parágrafo bem construído e coerente, com início, desenvolvimento e conclusão;
  - justifique a escolha da resenha;
  - indique qual é a obra resenhada;
  - indique sobre o que é a obra resenhada;
  - apresente a avaliação geral do resenhista sobre a obra resenhada;
  - inclua a relevância do texto para a sua área de estudo, segundo o resenhista;
  - inclua a recomendação do resenhista sobre a obra resenhada.
  - indique os dados de identificação da resenha: título, nome do resenhista, periódico, número e volume, data de publicação e link.

Neste capítulo, apresentamos estratégias de busca de informações confiáveis e de leitura para textos acadêmicos. Você também conheceu melhor três gêneros importantes do cotidiano universitário: o artigo, o livro técnico-científico e a resenha acadêmica. No próximo capítulo, você vai aplicar essas estratégias para desenvolver a sua própria pesquisa acadêmica, além de se aprofundar em outros detalhes constituintes desse processo.

PLANEJANDO E FAZENDO UMA PESQUISA

Nos capítulos anteriores, você conheceu o universo acadêmico e científico e alguns dos gêneros que circulam nesse domínio discursivo. Viu também importantes estratégias de busca por informações e de leitura. Neste capítulo, você terá contato com o passo a passo da realização de uma **pesquisa acadêmica** e vai **planejar e fazer a sua própria**. Vamos discutir também sobre as formas de fazer citações e sobre ética na pesquisa, incluindo como evitar os perigos do plágio e questões que envolvem o uso de inteligências artificiais.

No percurso proposto para este capítulo e o próximo, o tema que norteará a sua pesquisa será "Hábitos de leitura e de escrita", e você utilizará a metodologia de coleta de dados por meio de questionário. Outros temas também podem ser pesquisados utilizando o mesmo percurso proposto neste livro. Independentemente de sua escolha, será mais produtivo manter coerentemente o mesmo tema em todas as atividades, pois elas percorrem uma trajetória contínua de pesquisa.

Deixamos na página do livro na aba "Material extra" no site da Editora Contexto (https://www.editoracontexto.com.br/

institucional/971/6414) algumas outras sugestões possíveis de temas de pesquisa que podem ser trabalhados seguindo o mesmo percurso.

Para cada tema sugerido, propomos um questionário que servirá para a coleta de dados e um texto para leitura, que servirá de base também para a Atividade 6 (Produzindo uma resenha acadêmica). Cada questionário pode ser alterado e adaptado para o contexto de cada um, bem como diferentes textos podem ser selecionados para diferentes temas. Sugerimos que você busque outros textos adicionais para leitura, para além daquele que será indicado.

Se preferir, você pode pesquisar um outro tema do seu interesse para além dos aqui sugeridos e criar o seu próprio questionário, ou mesmo utilizar outra metodologia de coleta dados. Lembramos que existem outras formas de coletar dados, como a pesquisa documental, a entrevista, a experimentação, entre outras. Caso você opte por escolher o próprio tema, pense sobre as seguintes questões:

1. O estudo deste tema é viável para o contexto pretendido e para o público-alvo?
2. Esse tema vai gerar boas perguntas para a delimitação de um problema de pesquisa? (Não existe pesquisa sem uma boa pergunta, não é mesmo?)
3. Esse tema é relevante?
4. O tema permite a seleção de um objeto de estudo específico, em um contexto, de acordo com o escopo e o tempo disponível da pesquisa?
5. Há formas viáveis de coletar os dados para essa pesquisa?
6. Há formas viáveis para analisar esses dados?

Se você respondeu "Sim" a todas essas perguntas, existe uma grande possibilidade de o tema selecionado por você ser um bom tema de pesquisa. Caso contrário, você deve repensá-lo a partir da reflexão sobre essas questões.

PLANEJANDO E FAZENDO UMA PESQUISA

DESENHO INICIAL DA PESQUISA

Para começar, quais são os seus hábitos de leitura e de escrita? Responda ao questionário a seguir. Com exceção das questões 1 e 4, você pode marcar mais de uma opção.

1. Você tem o hábito de ler?
   - ☐ Sim
   - ☐ Não
2. Que tipo de material você lê?
   - ☐ Textos literários
   - ☐ Textos não literários
   - ☐ Nenhum
3. Marque os materiais que você costuma ler:
   - ☐ Artigos científicos e outros textos acadêmicos
   - ☐ Blogs
   - ☐ Cartas
   - ☐ E-mails
   - ☐ Jornais impressos
   - ☐ Livros literários (romance, ficção)
   - ☐ Livros não literários
   - ☐ Mensagens no celular
   - ☐ Notícias on-line e sites
   - ☐ Poemas
   - ☐ Revistas comerciais
   - ☐ Histórias em quadrinhos
   - ☐ Outdoors
   - ☐ Mangás
   - ☐ Jornais on-line
   - ☐ E-books
   - ☐ Manifestos
   - ☐ Ensaios
   - ☐ Crônicas, contos
   - ☐ Sinopses

LETRAMENTO ACADÊMICO

- ☐ Bulas de remédio
- ☐ Manuais de instrução
- ☐ Postagens em redes sociais
- ☐ Outros

4. Você tem o hábito de escrever?
   - ☐ Sim
   - ☐ Não

5. Que tipo de material você escreve?
   - ☐ Textos literários
   - ☐ Textos não literários
   - ☐ Nenhum

6. Marque os textos que você costuma escrever:
   - ☐ Artigos científicos e outros textos acadêmicos para publicação
   - ☐ Trabalhos escolares ou acadêmicos
   - ☐ Textos para blog
   - ☐ Cartas
   - ☐ Mensagens no celular
   - ☐ Poemas
   - ☐ Postagens em redes sociais
   - ☐ Romances (ficção)
   - ☐ Ensaios
   - ☐ Crônicas, contos
   - ☐ Sinopses
   - ☐ Resenhas
   - ☐ Manifestos
   - ☐ Histórias em quadrinhos
   - ☐ E-mails
   - ☐ Outros

7. Quais são suas maiores dificuldades quando precisa escrever um texto?
   - ☐ Não consigo acertar a ortografia.
   - ☐ Não consigo aplicar corretamente as regras gramaticais.
   - ☐ Tenho dificuldades em manter a coerência e a coesão no texto.

☐ Não tenho domínio da norma padrão.

☐ Não consigo encontrar as palavras adequadas.

☐ Sinto que ainda não li o suficiente.

☐ Não tenho paciência.

☐ Não consigo expor claramente minhas ideias.

☐ Não sei as regras de pontuação.

☐ Nunca sei por onde começar.

☐ Nunca tenho vontade de escrever.

☐ Não consigo organizar o pensamento.

☐ Não consigo organizar o texto.

☐ Tenho dificuldades de revisar o texto.

☐ Não tenho boas ideias.

☐ Não tenho dificuldades para escrever.

☐ Outras.

8. Que tipo de esforço pessoal você poderia fazer para melhorar seu desempenho na escrita acadêmica?

☐ Eu poderia aprender as regras gramaticais e ortográficas do português.

☐ Eu poderia dedicar algum tempo para praticar a leitura e a escrita.

☐ Eu poderia escrever mais.

☐ Eu poderia escrever mais textos acadêmicos.

☐ Eu poderia ler mais.

☐ Eu poderia ler mais revistas comerciais e textos variados de jornais e sites.

☐ Eu poderia ler mais textos acadêmicos.

☐ Eu poderia pedir que os meus amigos leiam meus textos e deem opiniões sobre a minha escrita.

☐ Eu poderia realizar as atividades propostas neste livro.

☐ Eu poderia reescrever quantas vezes for necessário o mesmo texto.

☐ Eu poderia fazer muitas publicações nas redes sociais.

☐ Nenhum, isso não depende de mim.

☐ Outros.

9. Como você acha que um curso de escrita acadêmica pode ajudá-lo?

☐ Com *feedback* sobre a minha produção escrita.

☐ Ensinando muita gramática.

☐ Incentivando a escrever mais textos acadêmicos.

☐ Destacando meus pontos fracos na escrita.

☐ Oferecendo exercícios.

☐ Oferecendo modelos de textos.

☐ Proporcionando a interação com os colegas da turma.

☐ Proporcionando oportunidade para reflexão sobre a linguagem.

☐ Nenhum curso pode me ajudar.

☐ Outros.

Adaptado de Coscarelli e Mitre (2007).

Agora que você respondeu ao questionário sobre hábitos de leitura e de escrita, já sabemos um pouco sobre que tipos de textos você lê e escreve, quais são suas dificuldades e o que você pode fazer para contorná-las. Mas pense agora que nosso objetivo não é conhecer os hábitos de um estudante individualmente, mas compreender o que e como os estudantes universitários em um determinado contexto leem e escrevem. Esse tipo de pesquisa pode ser relevante para uma série de iniciativas, como a montagem de um curso, a criação de uma nova disciplina ou a publicação de um livro como este.

A partir do questionário apresentado anteriormente, portanto, você vai desenvolver uma pesquisa acadêmica para descobrir quais são os hábitos de leitura e de escrita dos estudantes universitários no contexto em que você estuda. Vamos começar?

PLANEJANDO E FAZENDO UMA PESQUISA

■ **ATIVIDADE 4:** Planejando uma pesquisa

Nesta atividade, você deve elaborar um primeiro planejamento da sua pesquisa, considerando o tema "Hábitos de leitura e de escrita". O objeto de estudo, a pergunta de pesquisa, a hipótese, a justificativa, os objetivos e a metodologia da sua pesquisa devem ser inferidos através do questionário que você respondeu anteriormente e que será utilizado na coleta de dados.

O questionário serviu para obtermos informações individuais sobre seus hábitos de leitura e de escrita. Aplicando o mesmo questionário a um universo maior de estudantes, você irá coletar dados que vão gerar informações sobre hábitos de leitura e de escrita que poderão ser generalizadas para um contexto determinado. Para essa coleta, você poderá usar ferramentas digitais, como formulários on-line, para facilitar a sistematização dos dados posteriormente.

Dica importante: Você conhece o Comitê de Ética em Pesquisa da sua universidade? Para realizar uma pesquisa envolvendo seres humanos, é importante observar normas do Comitê de Ética da sua instituição. Na seção "Apreciação de projetos de pesquisa por comitês de ética", mais adiante, trataremos desse assunto.

Neste primeiro planejamento da sua pesquisa, você deve estabelecer o seguinte:

1. Tema e objeto de estudo da pesquisa
   Para estabelecer o tema e o objeto de estudo da pesquisa, você pode começar sua formulação da seguinte forma: *Esta pesquisa se propõe a estudar ..... no contexto .....* Aqui você deve contextualizar o tema de pesquisa proposto ("Hábitos de leitura e de escrita"), de forma a indicar o objeto de estudo específico que será analisado dentro dessa temática. Um exemplo relacionado a esse tema pode ser: os hábitos de leitura e de escrita dos estudantes da instituição X.

5 3

2. Problema da pesquisa

A partir da definição do objeto de estudo, você poderá levantar qual é o problema que este objeto apresenta. O problema pode ser formulado como uma pergunta a ser respondida pelos dados do questionário ou a partir da frase *Meu problema de pesquisa é por que/como/se....* É importante lembrar que o problema da pesquisa deve inquietar, isto é, girar em torno de algo que gostaríamos de conhecer melhor, comparar, aprofundar, algo cujas razões e incertezas gostaríamos de esclarecer a fim de ir além do já conhecido.

Para elaborar o seu problema de pesquisa, tenha em vista que a questão levantada precisa envolver seu público-alvo de aplicação do questionário e precisa ser resolvida pelas respostas que você vai obter a partir da coleta de dados.

3. Hipótese

Mesmo que a pesquisa ainda vá ser feita, já temos alguma expectativa sobre seus resultados e alguma resposta esperada para o problema de pesquisa. Essa é a hipótese. Portanto, aqui você deve indicar qual é a sua expectativa em relação ao resultado da pesquisa. Qual é a resposta esperada para a pergunta de pesquisa levantada no item 2? Você pode começar esta parte assim: *Espero encontrar como resultado desta pesquisa....*

4. Objetivos da pesquisa

As pesquisas acadêmicas costumam trazer dois tipos de objetivos: geral e específicos. O objetivo geral é o que se pretende, de forma ampla, alcançar com a pesquisa, em termos de conhecimento. Os objetivos específicos são as diferentes metas a serem alcançadas que vão contribuir para atingir o objetivo geral e para a confirmação ou refutação da hipótese.

O objetivo geral é o principal propósito que se busca alcançar com a realização da pesquisa, ou seja, o conhecimento que se pretende construir ou a aplicação prática que se busca realizar. Para formular seu objetivo geral, você pode usar a frase *Tenho, assim, como objetivo geral ...*. seguida de algum verbo que indique o que se busca obter ao final da investigação.

O Manual de Normalização da Escola de Ciência da Informação da UFMG indica alguns verbos, reproduzidos adiante no Quadro 2, conforme o tipo de pesquisa que se pretende realizar: se é exploratória (aprofundar determinado assunto), descritiva (descrever determinado fenômeno), explicativa (explicar por que determinado fenômeno ocorre) ou correlacional (relacionar fenômenos diferentes):

Quadro 2 – Verbos usados no objetivo geral, em diferentes tipos de pesquisas

Exploratória	Descritiva	Explicativa	Correlacional
Conhecer	Caracterizar	Analisar	Relacionar
Identificar	Descrever	Avaliar	Comparar
Levantar	Traçar	Verificar	Contrapor
Descobrir		Explicar	

Fonte: Adaptado de Maculan (2011).

A partir do objetivo geral, como dito, você pode definir quais serão seus objetivos específicos. Para isso, você pode usar a estrutura: *Para atingir esse objetivo geral, tenho como objetivos específicos*: ... seguida de uma lista organizada em tópicos. Para a elaboração de cada objetivo específico, o Manual de Normalização da Escola de Ciência da Informação da UFMG também indica alguns verbos, fornecidos pela professora Alcenir dos Reis (apud Maculan (2011)). Alguns deles são reproduzidos no Quadro 3:

LETRAMENTO ACADÊMICO

Quadro 3 – Taxonomia de verbos para uso em objetivos específicos

Conhecimento	Compreensão	Aplicação	Análise	Síntese	Avaliação	Registro
Apontar	Deduzir	Aplicar	Analisar	Estruturar	Argumentar	Documentar
Definir	Demonstrar	Construir	Calcular	Esquematizar	Avaliar	Esboçar
Descrever	Generalizar	Criar	Categorizar	Organizar	Comparar	Escrever
Determinar	Inferir	Desenvolver	Classificar	Ordenar	Contrastar	Narrar
Enumerar	Interpretar	Empregar	Combinar	Reunir	Criticar	Registrar
Especificar	Localizar	Formular	Correlacionar	Sintetizar	Debater	Relatar
Exemplificar	Selecionar	Modificar	Diferenciar		Discutir	Representar
Identificar		Preparar	Examinar		Julgar	
Ilustrar		Produzir	Investigar		Validar	
Medir		Usar	Relacionar			
Nomear			Prever			
Reconhecer						

Fonte: Adaptado de Maculan (2011).

Observe que alguns verbos mais gerais, como *analisar* e *avaliar* se repetem nos Quadros 2 e 3. Esses verbos podem ser usados para definir os dois tipos de objetivos, geral e específicos, mas em uma mesma pesquisa o objetivo geral não pode ser igual a um objetivo específico. Lembre-se que os objetivos específicos são metas menores que serão atingidas e que vão colaborar para o cumprimento do objetivo geral. Então, objetivos específicos não podem se sobrepor ao objetivo geral. A metodologia, que você desenvolverá mais adiante, deverá explicitar como cada uma dessas metas elencadas como objetivos específicos será atingida.

5. Justificativa
    Aqui você deve dizer qual é a justificativa para esta pesquisa. Qual a relevância de uma pesquisa sobre esse tópico? Para quê conhecer as respostas a essas perguntas? Você pode começar esta parte assim: *Esta pesquisa se justifica pelo fato de que...* ou *Esta pesquisa é importante porque....*

6. Metodologia

A metodologia explicita como os objetivos específicos serão atingidos e, portanto, de que forma a pesquisa será realizada, incluindo questões de tempo, espaço, participantes, materiais e procedimentos. Nesta parte, você deve descrever o método de pesquisa de forma mais detalhada possível, indicando que dados serão coletados, como será feita a coleta e como será feita a análise.

Para a pesquisa prevista no contexto deste livro, você precisará propor como metodologia a coleta de dados por meio de questionário e deverá indicar quem serão os participantes da sua pesquisa, que responderão o questionário, quando e onde a coleta será realizada.

Para descrever como será feita a análise das respostas, você deve indicar se vai optar por uma abordagem qualitativa dos dados coletados ou se por uma abordagem de análise quantitativa (por métodos estatísticos). Além disso, deve explicitar como será feito procedimento de revisão da literatura sobre o assunto. A revisão de literatura é a busca por informações em trabalhos anteriores já publicados sobre o mesmo tema da sua pesquisa. Você pode iniciar a formulação da sua metodologia da seguinte forma: *A pesquisa será desenvolvida da seguinte forma*: ..... ou *A pesquisa seguirá os seguintes passos*: ....

7. Referências importantes sobre o tema

Como você deve se lembrar, discutimos no capítulo "Conhecendo pesquisas" que nenhuma pesquisa surge do nada, mas se baseia em outros trabalhos já publicados sobre o mesmo assunto. Então, para fundamentar a sua pesquisa, busque trabalhos sobre hábitos de leitura e de escrita em fontes confiáveis.

Selecione os trabalhos mais relevantes que você encontrar, ou seja, aqueles que mais se relacionam com sua pesquisa, escritos por especialistas no assunto e publicados em periódicos da área.

Leia esses trabalhos e faça esquemas, mapas e/ou fichamentos para selecionar as informações mais importantes encontradas em cada um deles. Esses trabalhos serão a base da sua fundamentação teórica, que veremos nas atividades seguintes, e também da revisão de literatura, importante etapa metodológica.

Dica importante: retome as estratégias de leitura que vimos no capítulo "Conhecendo pesquisas". Nas suas anotações de leitura, copie dos textos frases ou parágrafos importantes. Coloque entre aspas e anote o número da página. Anote também as informações completas de identificação dos textos (título, autoria, periódico, número, volume, páginas, ano de publicação, link de acesso). Isso pode te economizar muito tempo na hora de redigir o seu trabalho acadêmico, seja um projeto, trabalho de conclusão de curso (TCC), artigo, dissertação, tese ou outro texto.

Critérios de apreciação

Para o cumprimento da Atividade 4, espera-se que você:

- Tenha respondido aos itens de 1 a 7, observando se:
    - há uma contextualização da pesquisa na temática proposta e o objeto de estudo está claramente apresentado;
    - o problema de pesquisa está claramente exposto; esse problema é relevante e interessante;
    - há uma hipótese que é uma possível resposta ao problema levantado;
    - há a apresentação de objetivos geral e específicos, sendo que os objetivos específicos são metas mais específicas que levarão ao cumprimento do objetivo geral;
    - a pesquisa é motivada através de uma boa justificativa;
    - os materiais, os participantes, os procedimentos, a forma de coleta de dados e a forma de análise dos dados estão suficientemente descritos. Há uma correlação clara entre os

objetivos específicos (*o que* será feito) e as etapas metodológicas (*como* isso será feito);

- há a indicação de outras pesquisas relacionadas ao mesmo tema, que são relevantes para o trabalho;
- seu texto está claro e coerente; para isso faça uma revisão da linguagem, observando a estrutura do texto, identificando e corrigindo erros de digitação, frases mal formuladas e aspectos gramaticais.

Observe também se o problema, a hipótese, os objetivos e a metodologia da pesquisa são coerentes entre si. O problema é uma questão de pesquisa válida e relevante, que surge a partir do fenômeno tomado como objeto de estudo? A hipótese é uma resposta/solução possível para o problema levantado? Os objetivos estão coerentemente relacionados ao problema e à hipótese? Estabelecem uma lista de metas que levarão à comprovação (ou não) da hipótese? Os passos elencados na metodologia vão levar ao cumprimento dos objetivos? A metodologia é adequada para verificar a hipótese levantada? Se sua pesquisa estiver coerente, você vai responder "Sim" a todas essas perguntas.

ÉTICA NA PESQUISA E NA ESCRITA

Na pesquisa científica, como já mencionamos, nos baseamos em conhecimentos que foram produzidos e publicados anteriormente para construir novos conhecimentos. Assim, a empreitada científica é necessariamente coletiva e se faz sempre no diálogo e na interação entre pesquisas, textos, autores. Nesse contexto, indicar a autoria de quem produziu um certo conhecimento e dar os devidos créditos aos pesquisadores faz parte de um importante código de ética que todos devemos seguir. Quando utilizamos trechos ou ideias de outros textos em nossos trabalhos, sem a devida citação, cometemos o que se conhece como plágio acadêmico. Por isso, compreender os textos de outros autores e as formas de citação é fundamental na escrita acadêmica.

Parece lógico que não podemos cometer plágio nos textos acadêmicos, mas mesmo assim o uso de textos e ideias sem os devidos créditos é um problema sério na universidade. Além do plágio, o autoplágio (plagiar a si mesmo) tem sido um problema também. Acreditamos que a permanência desse problema nos textos acadêmicos dos estudantes vem da falta de compreensão do que seja de fato o plágio. Plagiar um texto não é só a simples cópia *ipsis litteris* (tal como está escrito) sem citar a fonte, como pode parecer. Plagiar é se apropriar de uma ideia alheia, não importa como. É muito fácil identificar um plágio óbvio, que é uma cópia idêntica de um trecho de outro texto sem citação, mas a apropriação indevida de uma ideia é algo sutil e acontece muito, até mesmo acidentalmente. E o autoplágio acontece quando fazemos isso com nossos próprios textos, pela necessidade de multiplicar publicações e pela falta do conhecimento de que precisamos citar nossos próprios trabalhos. O que queremos dizer aqui é que a autoria precisa ser levada a sério na escrita dos nossos textos acadêmicos. É fundamental citar adequadamente os trabalhos que você usou, mesmo que sejam de sua própria autoria, e atribuir o devido crédito a todos os autores de trechos ou ideias alheios apresentados no seu texto.

Vale dizer que os autores de textos científicos têm seus direitos autorais garantidos pela Lei nº 9.610/1998 (Lei de Direitos Autorais), e também que plágio é crime previsto no artigo 184 do Código Penal. Quando o plágio é identificado, existem punições previstas nas próprias universidades, como a anulação de títulos, no caso de monografias, teses e dissertações.

As mesmas observações que fizemos sobre o plágio se aplicam para o uso de ferramentas de IA na produção de textos na universidade. Você já deve ter ouvido falar em inteligências artificiais (IAs) (que também têm sido chamadas de *large language models*, ou grandes modelos de linguagem). Além de o termo ser usado para designar um campo de estudo multidisciplinar, também indica um conjunto de novas tecnologias que permitem realizar atividades avançadas de modo automatizado, como traduzir textos e analisar dados. Os sistemas de IA são conhecidos por aprender por meio da exposição a grandes quantidades de dados. Esse aprendizado geralmente envolve algoritmos, que são conjuntos de regras ou instruções que orientam o funcionamento da IA. Aplicativos de IA têm sido desenvolvidos com interfaces cada vez mais simples e vêm sendo muito utilizados como fonte em consultas sobre os mais diversos temas e para os mais diferentes propósitos.

Observe que um grande problema de se usar essas ferramentas para buscar informações para a pesquisa acadêmica é a ausência de clareza em relação às fontes e à autoria. As IAs apresentam a vantagem de condensar informações e de já apresentarem respostas claras às perguntas feitas a elas, sem que seja necessário fazer o trabalho de busca em texto por texto (diferente de uma pesquisa em um site de buscas). Mas esse modo de procurar informação apresenta um grande problema quando pensamos na ética em pesquisa: de onde essa informação foi tirada? Quem é o autor? Como vou citar? Que textos foram utilizados para se chegar a essa resposta? Não é porque um texto está na internet que ele não tem autoria e pode ser usado livremente. Se você incluir no seu texto a informação obtida por meio de uma pesquisa em IA sem a correta indicação das fontes, pode ser que você esteja cometendo plágio, uma vez que usou textos ou ideias alheios como se fossem seus, sem a atribuição devida de créditos aos autores.

Além de fonte de consultas, esses sistemas têm sido utilizados como ferramentas para gerar textos no ambiente universitário. A autoria é basilar na construção do conhecimento científico e, consequentemente, na produção textual acadêmica. Assim, as IAs não devem ser usadas para a geração de textos que levarão seu nome em nenhuma hipótese.

O professor Virgílio Almeida, que presidiu a comissão encarregada de regulamentar o uso de IA na UFMG, defende que esse tipo de ferramenta não seja proibido na universidade, mas regulamentado. No Relatório *Recomendações para o Uso de Ferramentas de Inteligência Artificial nas Atividades Acadêmicas na UFMG* (2024, p. 4), o professor, e toda a comissão, afirmam que é necessário:

- Enfatizar a necessidade de transparência, explicando detalhadamente como a IA foi usada e refletindo criticamente sobre os riscos inerentes a esse uso, tais como: viés discriminatório, direitos autorais, privacidade e desinformação.

- Avaliar com cuidado os resultados produzidos por ferramentas de IA de modo a evitar resultados falsos ou enganosos.
- Tratar [a IA] como outras fontes de informação, citando quando for o caso.
- Identificar em artigos e relatórios técnicos as etapas do processo de pesquisa realizadas com auxílio de IA.

Como as ferramentas de IA são bastante recentes, não existem ainda legislações específicas sobre seu uso na produção textual. Porém, muitas universidades mundo afora têm trabalhado em regulamentos internos que determinam como a IA pode ser usada no âmbito acadêmico. Grandes universidades do cenário internacional também fazem orientações nesse sentido, como a Universidade da Califórnia, Harvard e a Universidade de Oxford. Nenhuma dessas instituições proíbe seu uso, mas todas recomendam que cuidados éticos sejam tomados quando utilizar a IA. As três instituições destacam que as políticas institucionais que já se aplicam à ética em pesquisa e ao plágio também se aplicam ao uso de IA. As regulamentações da Universidade de Oxford, por exemplo, classificam o uso de IA para gerar textos como plágio e recomendam mencionar o uso mesmo em casos de apenas revisão textual. As orientações dessas instituições destacam que o pesquisador deve ter um olhar crítico sobre as buscas feitas por meio das IAs, já que elas geram informações que podem ser falsas ou enviesadas. Por fim, as orientações da Universidade da Califórnia, de Harvard e da Universidade de Oxford mencionam que não se deve inserir informações sensíveis ou confidenciais em sites de IA, uma vez que tais informações (que são privadas) se tornam, assim, públicas e não há como controlar quem as acessa. Esse cuidado deve ser tomado com dados pessoais e certos tipos de dados de pesquisa, especialmente em pesquisas com seres humanos.

No cenário brasileiro, além das regras internas das universidades, a própria ABNT também regulamenta a forma de uso da IA. A agência recomenda que os materiais gerados por meio de ferramentas de IA, como imagens, gráficos e tabelas, sejam explicitamente sinalizados.

Além de citar devidamente e de evitar o plágio, há outros códigos importantes que garantem uma pesquisa ética. Na lida com dados utilizados, é necessário garantir a sua acessibilidade (para que os resultados e conclusões possam ser verificados); indicar com clareza as fontes de dados e as formas de coleta; utilizar adequadamente materiais protegidos por direitos autorais, como imagens e vídeos; não expor ou julgar os participantes; atribuir devida autoria sobre o conjunto de dados; garantir sigilo de dados sensíveis, como os pessoais; e submeter o projeto à aprovação de Comitê de Ética (em caso de pesquisa com participantes humanos), como discutiremos mais à frente. Enfim, um pesquisador ético deve garantir que seus dados estejam seguros e que sejam honestos e transparentes.

É dever de um pesquisador ético ser transparente em relação a seus resultados e não omitir dados que derrubem suas hipóteses ou que vão contra a sua teoria. É necessário mostrar lacunas do trabalho e não selecionar os "melhores" dados ou manipulá-los para construir uma argumentação que favoreça suas teses. Também é fundamental dar o devido crédito a pessoas que auxiliaram na execução do trabalho por meio da seção de Agradecimentos. Por exemplo, um agradecimento aos participantes que responderam ao questionário é muito bem-vindo.

Em resumo, um pesquisador ético não deve se apropriar de ideias ou textos alheios, deve produzir seus próprios textos, com suas próprias ideias, e deve citar adequadamente todas as fontes de onde tirou as bases para sua pesquisa. Por isso, na hora de fazer leituras para o seu trabalho, é importante fazer anotações fiéis e registrar as ideias que são suas e as que são de outros autores (e seus dados completos, para as referências). Isso ajuda no diálogo com os autores na hora da produção textual e evita o plágio acidental por esquecimento. É importante que você desenvolva a capacidade de dialogar com outros textos e autores, sendo fiel às ideias e palavras daqueles citados e deixando transparecer também a sua própria voz. Lembre-se de que nenhum trabalho acadêmico surge do nada; todas as pesquisas partem de outros trabalhos já realizados. Assim, sempre há alguma fonte que deve ser citada. Um pesquisador ético também deve ser honesto e transparente em relação à coleta e à análise de seus dados e em relação à apresentação dos seus resultados.

Ser um pesquisador ético significa seguir certos códigos de conduta, inclusive no momento da escrita, que garantem a integridade da sua pesquisa e da empreitada científica como um todo, garantindo a confiabilidade do conhecimento que é gerado. Esses códigos nem sempre são explicitamente ditos, o que dificulta um pouco a vida do pesquisador em formação. Mas, ao longo do percurso acadêmico, eles são apresentados e geralmente com graus cada vez maiores de exigência.

Na próxima seção, você irá aprender formas de citação como parte das práticas para evitar o plágio e realizar pesquisas de forma ética.

FORMAS DE CITAÇÃO

Como vimos, a leitura no universo acadêmico não busca apenas a aquisição de conhecimento, e sim a produção de novos conhecimentos a partir daquilo que já se sabe sobre determinado assunto. Por isso, quando produzimos nossos próprios textos na universidade, precisamos saber articular nossas ideias às ideias de outros autores e também citar adequadamente as informações que pegamos de outras fontes. Assim, a utilização de ideias ou trechos de outros autores (ou até mesmo de sua própria autoria, quando já publicados) em seu texto requer a devida citação. Essa prática não só evita o risco de plágio, como também valoriza e fundamenta sua pesquisa, aumentando a credibilidade e a força argumentativa do seu texto.

Citações a outros trabalhos são uma característica essencial de todo texto acadêmico, porque elas vão mostrar que você conhece o assunto, que está inteirado de outras pesquisas que foram feitas sobre aquele tema e dos resultados que elas apresentam. É a partir dessas citações que você vai mostrar que sua pesquisa é relevante para suprir as lacunas deixadas pelos outros trabalhos. Informações de pesquisas anteriores vão também te ajudar na construção dos seus próprios resultados.

Ao realizar uma citação em um texto acadêmico, é necessário seguir uma série de normas. Essas normas são estabelecidas por manuais publicados por diferentes entidades, como o Manual de Publicação da Associação Americana de Psicologia (APA), o Manual de Estilo de Chicago (CMOS), editado pela Universidade de Chicago, e o Manual de Estilo Vancouver, editado pelo Comitê Internacional de Editores de

Periódicos de Medicina (ICMJE), entre outros. No Brasil, a principal entidade responsável por regulamentar as formas de citação é a Associação Brasileira de Normas Técnicas (ABNT). As normas da ABNT são divulgadas em documentos denominados normas técnicas brasileiras (NBR).

Conforme as normas mais recentes da ABNT, publicadas em 2023, as citações devem ser realizadas da seguinte forma:

1) Citação indireta

Ao utilizar ideias de outros textos em forma de paráfrase, é necessário citar o sobrenome do autor conforme aparece no original, seguido do ano de publicação entre parênteses.

Por exemplo:
De acordo com Matos (1985), ao realizar uma citação, o pesquisador deve consultar diretamente o texto original.

Ao utilizar ideias de outros textos em forma de paráfrases, você pode, alternativamente, indicar na citação o sobrenome do autor, conforme consta no original, seguido de vírgula e do ano de publicação, ambos dentro do mesmo parêntese.

Por exemplo:
Ao fazer uma citação, o pesquisador deve consultar diretamente o texto original (Matos, 1985).

2) Citação literal (direta / curta)

Ao utilizar um trecho completo de outro texto (citação literal) que seja de até três linhas, você deve citar o sobrenome do autor, conforme consta no original, e, entre parênteses, deve colocar o ano de publicação, a vírgula, e a página (indicada como "p.") onde o trecho citado se encontra. As citações literais devem ser colocadas entre aspas duplas.

Por exemplo:
Matos (1985, p. 2043) ensina: "seja fiel ao original. Vá diretamente à fonte; não recorra a citações 'indiretas', isto é, de fontes que não sejam as próprias obras citadas".

LETRAMENTO ACADÊMICO

3) Citação literal (direta / longa)

Ao utilizar um trecho completo de outro texto (citação literal) que seja maior que três linhas, você deve citar entre parênteses o sobrenome do autor, conforme consta no original, seguido de vírgula, do ano de publicação, de vírgula novamente, de p. e da página onde o trecho mencionado se encontra. As citações literais que ultrapassarem três linhas devem ser separadas do corpo do texto (nesse caso, sem aspas), recuadas a 4 cm da margem esquerda, com fonte menor (tamanho 10) e com espaçamento simples.

Por exemplo:

> A competência redacional do cientista pressupõe a capacidade de fazer citações, entretanto, no preparo de especialistas em ciências - e nas artes -, parece não haver uma atenção especial à aquisição e cultivo de estratégias do citar. Uma consulta a manuais de metodologia do trabalho científico e de redação de monografias revelará quão pouco tem sido estudado o problema, apesar de sua importância para a comunicação escrita eficaz. (Matos, 1985, p. 2043).

4) Referências

Todas as obras citadas (e somente as obras citadas) devem ser listadas, com a referência completa, ao final do trabalho, em uma lista denominada "Referências". A composição dessa lista segue normas específicas. Para cada trabalho listado, você deve apresentar dados de autoria, título, veículo de publicação, ano de publicação e outras informações pertinentes, conforme a formatação determinada.

Por exemplo:
Referências
MATOS, F. G. O cientista como citador. *Ciência e Cultura*, v. 37, n. 12, p. 2042-2044, 1985.

Essas regras estão descritas em manuais, como o *Manual para normalização de publicações técnico-científicas*, da Editora UFMG, e os livros *Guia do trabalho científico*, de Celso Ferrarezi Júnior, e *Como produzir textos acadêmicos e científicos*, de Ada Magaly Matias Brasileiro. Portanto, não precisam ser decoradas. Esses manuais podem ser consultados sempre que você estiver produzindo um trabalho acadêmico. Com a prática, você se familiarizará com todas as normas.

Você também pode consultar manuais institucionais disponíveis on-line. Citamos aqui alguns:

- Manual de Normalização da Escola de Ciência da Informação da UFMG (disponível em https://normalizacao.eci.ufmg.br/).
- Diretrizes para Normalização de Trabalhos Acadêmicos da UFMG (disponível em https://repositorio.ufmg.br/static/politica/diretrizes-para-normalizacao-de-trabalhos-academicos-da-UFMG.pdf).
- Guia de Normalização de Trabalhos Acadêmicos da Universidade Federal do Ceará (disponível no site da Biblioteca da Universidade).
- Manual de Normalização de Trabalhos Acadêmicos da Universidade Federal do Rio Grande do Sul (disponível em https://www.ufrgs.br/bibdir/biblioteca-direito-ufrgs/manual-normasbibdir/).

Provavelmente, a sua universidade também tem um documento desse tipo. Procure nos sites institucionais.

É importante sempre fazer a consulta aos manuais e às edições mais recentes, pois as normas são atualizadas com certa frequência. Use os manuais como material de referência ao redigir seus trabalhos em sua trajetória acadêmica. Lembre-se de sempre citar as fontes que você utilizar com fidelidade, garantindo a devida atribuição de autoria e evitando problemas relacionados ao plágio. Observe com atenção também qual é a norma de formatação exigida em cada contexto. No Brasil, a ABNT é a responsável por regulamentar os padrões de formatação dos textos acadêmicos, mas, como citado, outras normas existem e podem ser cobradas de você.

A seguir, propomos uma atividade para você redigir um pequeno texto, como forma de praticar o que aprendeu e citar corretamente, evitando o plágio.

■ **ATIVIDADE 5:** Exercitando os conhecimentos sobre IAs e as formas de citação

Pesquise trabalhos que abordem e discutam o conceito de plágio acadêmico e a utilização de ferramentas de IA no contexto da pesquisa e da escrita acadêmica. A partir das fontes que você encontrar, escreva um pequeno texto argumentativo, que responda às seguintes perguntas:

1. As IAs podem ser consideradas fontes de informação confiáveis e seguras para a pesquisa acadêmica? Por quê?
2. O uso de IA na produção/geração de textos acadêmicos pode ser enquadrado como plágio? Quem deve ser reconhecido como autor de um texto produzido total ou parcialmente por uma IA?
3. Quando usadas na pesquisa acadêmica, as IAs devem ser citadas como referência bibliográfica em trabalhos acadêmicos?
4. Qual é a sua opinião sobre a utilização de IA na elaboração de textos acadêmicos? Caso seja favorável, em que extensão e de que forma as IAs devem ser empregadas? Caso se oponha, de que maneira as universidades deveriam tratar o uso dessa tecnologia?

Para realizar essa atividade, você deve citar adequadamente as fontes que foram usadas para fundamentar o seu texto. Para mostrar que aprendeu a fazer citações corretamente, utilize diferentes formas de citação, como a indireta e a literal. Além das citações, apresente também seu ponto de vista, com argumentos consistentes que sustentem a sua opinião. Não deixe de listar, ao final, as referências completas dos trabalhos citados, seguindo as normas da ABNT.

Critérios de apreciação

Para o cumprimento da Atividade 5, espera-se que você:

- Selecione textos relevantes sobre os temas plágio acadêmico e utilização de ferramentas de IA no contexto acadêmico por meio de uma pesquisa em fontes confiáveis, utilizando sites como Scielo, Google Acadêmico ou Portal de Periódicos da Capes.
- Produza um pequeno texto argumentativo em que as questões propostas (de 1 a 4) sejam todas adequadamente respondidas, de acordo com o conteúdo dos textos consultados, e também de acordo com a sua visão sobre o assunto.
- Garanta que sua opinião esteja devidamente sustentada por bons argumentos.

- Cite adequadamente os textos consultados para fundamentar o seu texto, utilizando diferentes formas de citação e seguindo as normas da ABNT.
- Acrescente uma lista de referências ao final do seu texto, apresentando a referência completa de todas as fontes citadas (e somente daquelas que foram citadas), seguindo as normas da ABNT.
- Faça uma revisão da linguagem, verificando se seu texto está claro e coerente; observe também a estrutura do texto, identificando e corrigindo erros de digitação, frases mal formuladas, aspectos gramaticais etc.

APROFUNDANDO A NOÇÃO DE RESENHA

No capítulo "Conhecendo pesquisas", falamos sobre resenhas acadêmicas. Agora discutiremos mais sobre como você pode aplicar esse gênero textual ao seu cotidiano acadêmico e à sua pesquisa.

Como vimos, resenhas acadêmicas são publicadas em periódicos científicos e são escritas por pesquisadores para apresentar e avaliar uma determinada obra. No contexto das disciplinas da graduação e da pós-graduação na universidade, a produção de resenhas tem um papel um pouco diferente, que é o de estimular a leitura aprofundada e crítica de textos acadêmicos.

Para produzir uma boa resenha, você precisa ter o olhar de pesquisador, já que são especialistas no assunto da obra resenhada que produzem uma resenha. Para adquirir esse olhar e a capacidade de uma visão crítica sobre um determinado texto, você precisa não apenas ler e compreender o seu conteúdo, mas dialogar com ele e articular as informações encontradas nele a outros conhecimentos, leituras e experiências que você já tem.

Independentemente da sua área de estudos, você certamente precisa saber articular o que outros autores já discutiram sobre o assunto que você estuda e dialogar com eles. Saber resumir os argumentos acadêmicos de outros trabalhos e contrastá-los com outros conhecimentos, incluindo sua própria visão, é uma habilidade fundamental não só para a escrita de uma resenha acadêmica na universidade, mas também para a escrita de projetos, para a defesa de monografias, dissertações e teses, bem como para se preparar para seminários. Em suma, articular ideias alheias e suas próprias ideias é uma habilidade importantíssima para quem faz ciência!

A resenha acadêmica deve ser clara e precisa. Lembremos de seus componentes: quando você produz uma resenha, deve incluir nela um título; o seu nome (você é o resenhista, autor da resenha); os dados de identificação do texto resenhado (título, autoria, data, local de publicação etc.); um resumo das ideias abordadas nesse texto; os principais argumentos do autor; uma opinião crítica sua sobre o texto resenhado, bem estruturada e fundamentada em argumentos lógico-científicos; e, por fim, a sua recomendação para a leitura (ou não) do texto resenhado.

Quando dizemos que sua opinião deve ser bem estruturada e fundamentada em argumentos lógico-científicos, queremos dizer que, na resenha acadêmica, não é aceitável escrever, por exemplo, "gostei muito do texto" ou "não gostei do texto" e "o/a autor(a) escreve mal". Devemos focar nosso comentário nas ideias apresentadas no texto, criticando de forma positiva ou negativa seu conteúdo e/ou sua forma, justificando sempre o posicionamento escolhido.

Para expressar sua opinião, você pode usar frases como: "de maneira clara e objetiva, o autor consegue explicar o conceito X", "o autor não explica X claramente", "os argumentos do autor são relevantes, se considerarmos X, no entanto, se considerarmos Y...", "apesar de ser um pouco prolixo, o autor apresenta reflexões bem fundamentadas em relação a X". Você também pode apresentar sugestões para apresentação das ideias do texto original: "o conceito X teria ficado mais claro se o autor tivesse apresentado exemplos", "a argumentação teria ficado mais convincente se o autor tivesse discutido também os aspectos negativos de X".

Vamos tentar agora?

PLANEJANDO E FAZENDO UMA PESQUISA

■ ATIVIDADE 6: Produzindo uma resenha acadêmica

Leia o artigo a seguir.

GIANI DE RESENDE, R.; PELEGRINI TRISTÃO, S.; ROCHA NETO, J. T.; GAYDECZKA, B. Levantamento sobre hábitos de leitura e de escrita entre estudantes de engenharia. *Revista (Entre Parênteses)*, v. 10, n. 1, p. e021002, 2021. DOI: https://doi.org/10.32988/rep.v10n1.1118. Acesso em: 25 set. 2024.

Para acessar o artigo "Levantamento sobre hábitos de leitura e de escrita entre estudantes de engenharia", digite o link doi.org/10.32988/rep.v10n1.1118 no seu navegador de internet.

Após fazer uma leitura atenta do artigo, você vai escrever uma resenha sobre ele (de duas a quatro páginas), seguindo as normas de formatação da ABNT (retome os manuais indicados neste capítulo para formatar o seu texto).

Dica importante: Se você está fazendo uma pesquisa sobre algum dos outros temas de pesquisa sugeridos neste livro, procure no link indicado no início deste capítulo qual é o texto a ser resenhado conforme o tema que você está pesquisando. Caso você tenha escolhido um outro tema, do seu interesse, selecione para esta atividade um dos textos que você listou no item 7 da Atividade 4: Planejando uma pesquisa.

A seguir você encontra, agora de forma sistematizada, a estrutura que a sua resenha deve apresentar:

1. Cabeçalho:
   a. Título da resenha e informações do resenhista (seu nome completo, instituição de filiação e e-mail).
   b. Referência completa do texto resenhado, de acordo com as normas da ABNT.
2. Corpo do texto:
   a. Apresentação do artigo resenhado: a resenha deve apresentar a obra resenhada, seu autor, seu conteúdo e a

contextualização na área de pesquisa em que se insere. Aqui também vale apresentar a estrutura do texto, incluindo sua divisão em seções ou capítulos, número de páginas etc.

b. Resumo comentado: nesta parte da resenha, é feita uma exposição sucinta das ideias consideradas mais relevantes.

c. Crítica: você deve se posicionar criticamente diante da obra resenhada, fazendo uma análise dos pontos positivos e negativos do texto (a crítica pode aparecer junto ao resumo comentado).

d. Conselhos para quem vai (ou não) ler o texto resenhado. A resenha se encerra com uma recomendação: a leitura da obra resenhada deve ser feita? Sim ou não? Por quem? Em que contexto?

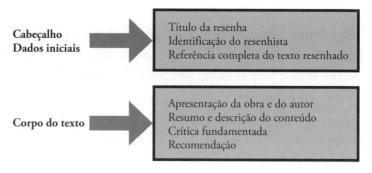

Como na resenha você deve articular diferentes saberes, é comum (e até bom) citar outros textos relacionados ao tema. Se houver citações a outros textos, que não sejam ao texto resenhado, você deve adicionar ao final uma seção de Referências. Nessa seção, indique a referência completa de todos os demais textos citados, de acordo com a ABNT. Vale lembrar que a referência completa do texto resenhado deve estar apenas no cabeçalho, e não na seção de Referências.

Dica importante: se a sua resenha ficar muito grande, ela pode até conter seções. Porém, as partes da resenha indicadas anteriormente, no item 2, de (a) a (d), não devem ser seções da resenha. Devem ser articuladas em um texto corrido e distribuídas em parágrafos bem articulados entre si.

Após a produção da resenha, você pode voltar ao tema da sua pesquisa e pensar melhor em seu planejamento. Esta atividade deve permitir algumas reflexões, além de levantar perguntas e dados que podem ajudar na defesa das suas ideias. O texto resenhado pode ser citado na seção de Referencial Teórico ou Fundamentação Teórica dos próximos textos que você vai produzir, como veremos mais à frente.

Critérios de apreciação

Para avaliar sua resenha, verifique se você:

- Dá um título para sua resenha e, em seguida, identifica o resenhista (você).
- Logo após o título e o nome do resenhista, indica a referência completa do texto resenhado, conforme as normas da ABNT.
- Apresenta a obra, incluindo os seus principais dados, o título, o tema, o autor do texto, seu conteúdo e sua estruturação.
- Faz um resumo comentado do texto resenhado, incluindo os principais argumentos apresentados nele.
- Apresenta sua opinião bem fundamentada de forma clara no texto da resenha, observando se seu ponto de vista está explícito, se apresenta argumentos para sustentar sua posição, se comenta as ideias apresentadas no texto resenhado, criticando seu conteúdo e/ou sua forma de maneira positiva ou negativa.
- Articula bem o texto, organizado suas ideias de forma coerente e respeitando os aspectos gramaticais da linguagem formal.
- Formata bem o texto, seguindo as normas da ABNT.
- Coloca no final da resenha uma lista de Referências, que inclui os demais textos citados, se for o caso, mas não a referência do texto resenhado.

Observe também se você demarcou bem as vozes no seu texto, deixando claro o que é fala ou ideia do autor do texto resenhado e o que é fala ou ideia do resenhista – que é a sua visão crítica sobre a fala do autor. Em sua resenha, as diferentes "vozes" que estão sendo articuladas – ou seja, as ideias de um autor e de outro – precisam estar bem demarcadas e claramente diferenciadas.

Dica importante: Se for possível contar com a revisão de seu texto por um colega ou professor, incentivamos que o texto seja reescrito a partir das sugestões recebidas, o que te ajudará a apreender melhor o gênero e adequar questões linguísticas e de normalização.

PROJETO DE PESQUISA

A partir de seu planejamento inicial e do aprofundamento no assunto, feito através da produção da resenha, você poderá produzir um projeto para a sua pesquisa sobre hábitos de leitura e de escrita ou o tema por você escolhido. O projeto de pesquisa é um dos gêneros acadêmicos mais importantes e o seu objetivo é planejar uma pesquisa que será realizada e apresentá-la a algum órgão acadêmico, sejam agências de fomento, programas de pós-graduação, pró-reitorias de pesquisa, entre outros. O projeto normalmente é enviado para esses órgãos para que o pesquisador obtenha aprovação institucional para a realização da pesquisa.

Você já determinou todos os elementos importantes para a sua pesquisa na Atividade 4 (Planejando uma pesquisa), já fez a coleta de dados e já leu sobre o assunto. Agora, veremos como tudo isso será estruturado na forma de um projeto.

Um projeto de pesquisa é divido em seções, que devem se espelhar na estrutura da pesquisa acadêmica. As partes da pesquisa que você conheceu na seção "Desenho inicial da pesquisa" devem vir em seções separadas e numeradas sequencialmente. Elas podem variar de acordo com o seu estilo ou com os critérios da instituição para a qual você está submetendo o seu projeto. Por exemplo:

1. Introdução
2. Justificativa
3. Objetivos
etc.

OU

1. Introdução
2. Justificativa, hipóteses e objetivos
etc.

Dentro de cada uma dessas seções pode ou não haver subseções.

O importante é que o conteúdo dessas partes esteja presente no projeto e estruturado de forma coerente. Para a pesquisa que você vai realizar a partir das atividades deste livro apresentamos uma divisão em seções a seguir.

Antes de iniciar as seções propriamente, o seu projeto deve ter informações de identificação: a) *Título*: dê um título para sua pesquisa que reflita de forma concisa e clara o seu conteúdo. Pense em um título que seja ao mesmo tempo curto e informativo, que indique sobre o que é a pesquisa a ser realizada; b) *Dados de autoria e da instituição onde a pesquisa será realizada*: aqui você deve colocar seu nome completo e o nome da instituição onde a pesquisa será realizada (em geral, a sua faculdade e/ou universidade).

Na sequência das informações de identificação, propomos que as partes da pesquisa sejam distribuídas em seis seções, além das referências ao final:

1. *Introdução*: nesta primeira seção, você deve contextualizar o **tema de pesquisa** (*hábitos de leitura e de escrita*) e descrever o **objeto de estudo** (dentro desse tema, o que vai ser pesquisado especificamente). A partir da definição do objeto de estudo, você deve indicar o **problema de pesquisa**. Além do problema, apresente também a(s) **hipótese(s)**, ou seja, qual é a sua expectativa em relação ao resultado da pesquisa.

2. *Objetivos e justificativa*: em seguida, na segunda seção, são apresentados os objetivos (geral e específicos) e a justificativa. Como vimos, o **objetivo geral** é o que se pretende, de forma ampla, alcançar com a pesquisa, em termos de conhecimento. Já os **objetivos específicos** são as etapas menores que se pretende realizar a fim de se corroborar ou não a hipótese. Eles devem ser apresentados em tópicos. Você deve dizer também qual é a **justificativa** para a pesquisa, isto é, qual a relevância de uma pesquisa sobre esse tópico.

3. *Fundamentação teórica*: a terceira seção tem como função apresentar e explicar os **conceitos teóricos** que serão utilizados na análise dos dados. Aqui você deve fazer uma breve descrição dos conceitos/noções/termos importantes para sua pesquisa (sem aprofundar, pois a pesquisa ainda será realizada). É importante destacar que esta seção não deve ser uma lista de autores ou de teorias, nem uma lista de conceitos; ela deve ser dedicada à explicação dos conceitos teóricos-chave que vão de fato ser necessários para a pesquisa e para a análise dos dados que serão coletados, citando adequadamente os trabalhos utilizados como base.

4. *Metodologia*: na quarta seção você deve descrever o **método** de pesquisa, como cada objetivo será alcançado, os **materiais** a serem usados, como será feita a **coleta de dados**, bem como os **critérios** e **procedimentos** que serão utilizados na análise.

5. *Cronograma*: após apresentar a metodologia, você precisa estabelecer o **prazo previsto** para a realização da pesquisa e o prazo necessário para cada uma das etapas descritas na seção metodológica. Pode ser interessante inserir quadros para dar apoio visual ao que está sendo apresentado.

6. *Considerações finais*: nesta última seção, planeje o fechamento do seu trabalho. Você pode retomar os objetivos, a pergunta de pesquisa, mencionar os resultados que pretende alcançar e as contribuições que o projeto pode dar. A seção de considerações finais é uma **retomada resumida** do que foi apresentado no projeto para fechar o texto.

PLANEJANDO E FAZENDO UMA PESQUISA

Ao final, apresente as referências completas de todos os textos citados no seu projeto, usando as normas da ABNT, na seção intitulada "Referências". Somente textos que foram de fato citados no trabalho devem estar na lista de Referências. Diferentemente das outras seções, a seção de Referências não é numerada.

■ ATIVIDADE 7: Produzindo um projeto de pesquisa

Utilize suas respostas para a Atividade 4 (Planejando uma pesquisa), acrescidas do que você aprendeu a partir da produção da resenha acadêmica na Atividade 6, para produzir o projeto da sua pesquisa. Ele deve conter todas as partes descritas anteriormente (além do título e dos dados de autoria), divididas conforme a distribuição que você julgar ser a melhor, sempre lembrando de garantir a coerência. Sugerimos que você utilize a divisão nas seis seções que propusemos: Introdução, Objetivos e Justificativa, Fundamentação teórica, Metodologia, Cronograma e Considerações finais.

Construa um texto que explicite de forma clara e objetiva cada uma das partes da sua pesquisa. Não deixe de citar adequadamente e discutir os trabalhos que você pesquisou sobre o assunto, mostrando que você conhece a literatura sobre o tema. O tamanho do projeto pode variar e pode ser estabelecido pela instituição à qual será apresentado, mas sugerimos que, para este exercício, ele tenha de três a cinco páginas, formatado conforme as normas da ABNT (consulte os manuais indicados neste capítulo).

Critérios de apreciação

Para avaliar a qualidade do seu projeto, verifique se você:

- Define um título objetivo e informativo e que reflete o conteúdo da pesquisa.
- Informa os dados de autoria e da instituição onde a pesquisa será realizada.

- Contempla no seu projeto todas as partes básicas de um projeto de pesquisa, indicadas na atividade, apresentando de forma clara e objetiva:
  - o tema e o objeto de estudo;
  - o problema de pesquisa;
  - a hipótese;
  - os objetivos;
  - a justificativa;
  - o referencial teórico (se os conceitos teóricos importantes são apresentados e discutidos);
  - a metodologia (se a metodologia é bem apresentada, indica quem serão os participantes, como será feita a coleta dos dados e como os dados serão analisados);
  - o cronograma.
- Distribui as partes da pesquisa em seções de forma coerente.
- Cita adequadamente outros trabalhos sobre o mesmo assunto e discute suas ideias.
- Fecha o texto com uma seção curta de considerações finais, que retoma os pontos mais importantes do projeto.
- Revisa seu texto com atenção, verificando se está completo, claro e coerente.
- Organiza bem o texto e o formata conforme as regras da ABNT.
- Indica a referência completa dos textos citados ao final, na lista de referências, seguindo as normas da ABNT.

Dica importante: Se for possível contar com a revisão de seu texto por um colega ou professor, incentivamos que o texto seja reescrito a partir das sugestões recebidas, o que te ajudará a apreender melhor o gênero e adequar questões linguísticas e de normalização.

Apreciação de projetos de pesquisa
por comitês de ética

Todas as pesquisas que envolvam aplicação de testes com seres humanos ou uso de dados fornecidos por pessoas especificamente para o estudo devem ser aprovadas pelo Comitê de Ética em Pesquisa da universidade. A pesquisa que você vai desenvolver aqui não precisa passar por esse crivo, pois é um exercício que tem como fim o seu aprendizado. Porém, para a realização de pesquisas com seres humanos durante a iniciação científica, pós-graduação etc., é necessário passar por esse processo. O Comitê de Ética em Pesquisa é um órgão que avalia a pesquisa e atesta que ela toma o devido cuidado ético na coleta e no tratamento dos dados de seus participantes.

O primeiro passo para ter sua pesquisa aprovada pelo Comitê de Ética da sua universidade é a redação do projeto de pesquisa. Assim que seu projeto estiver pronto, você deve fazer o cadastro da pesquisa no sistema da Plataforma Brasil. A Plataforma Brasil é uma base nacional, digital e on-line, mantida pelo governo federal, que registra todas as pesquisas com seres humanos e que é acessada pelos diferentes Comitês de Ética das universidades do país. A plataforma também permite acesso público aos dados das pesquisas aprovadas. O pesquisador responsável pode incluir pesquisadores assistentes que poderão ter acesso ao projeto na plataforma para editar. A partir desse primeiro cadastro, você deverá preencher os dados da pesquisa no sistema e enviar alguns documentos que atestem que ela será feita de forma ética. Além do projeto, você deverá enviar uma aprovação do seu departamento ou unidade acadêmica e os formulários que serão assinados pelos participantes autorizando a utilização de seus dados, o Termo de Consentimento Livre e Esclarecido (TCLE) e o Termo de Assentimento Livre e Esclarecido (TALE) (este último no caso de participantes menores de idade). No site do Comitê de Ética da sua universidade certamente você encontrará modelos desses documentos que poderão te guiar na elaboração dos seus próprios TCLE e TALE.

ANÁLISE DE DADOS

Quando você fez o seu projeto, você definiu na sua metodologia etapas para a coleta e para a análise de dados. Você já fez a coleta de dados a partir da aplicação do questionário sobre hábitos de leitura e de escrita a um universo maior de estudantes, dentro do seu contexto na universidade. Agora é hora de partir para a análise desses dados, a fim de buscar respostas para o problema de pesquisa levantado, confirmar ou não a sua hipótese e cumprir o seu objetivo geral.

Para iniciar a sua análise, reúna todos os dados coletados dos questionários que você aplicou. O que você deve fazer, em seguida, é organizá-los por meio da construção de gráficos, que permitirão uma visualização clara para fazer inferências e generalizações sobre os hábitos de leitura e de escrita do grupo de estudantes investigado.

■ **ATIVIDADE 8:** Analisando os dados

Nesta atividade, você deve analisar os dados coletados a partir do questionário sobre hábitos de leitura e de escrita e construir gráficos que apresentem de forma adequada os resultados da pesquisa. Esta atividade consiste em quatro etapas:

1. Primeiro, você deve sistematizar os dados coletados em uma planilha;
2. Em seguida, você deverá construir gráficos para as respostas de cada pergunta;
3. Depois, você irá descrever os seus resultados;
4. Por fim, você vai analisar os seus resultados.

Para fazer as duas primeiras etapas da atividade, utilize softwares para a criação de planilhas. Se você tiver coletado os seus dados por meio de questionários on-line digitais, essas etapas serão feitas automaticamente pelo próprio programa que você utilizou.

Caso você não tenha coletado os dados de forma digital, na primeira etapa da atividade, você deve organizar os dados em uma planilha criada no seu editor off-line (por exemplo, usando programas instalados no seu computador) ou on-line (pelos recursos que podemos acessar diretamente no navegador de internet). Coloque em colunas diferentes as alternativas de cada pergunta. Por fim, indique em cada coluna, para cada alternativa, o quantitativo de respostas que foram obtidas. Por exemplo:

Tabela 1 – Exemplos de sistematização de dados coletados por meio de questionário

Perguntas	Respostas			
Você tem o hábito de ler?	Sim	Não		
Quantitativo de respostas	*31*	*14*		
Que tipo de material você lê?	Textos literários	Textos não literários	Nenhum	
Quantitativo de respostas	*20*	*11*	*14*	
Marque os materiais que você costuma ler	Artigos científicos e outros textos acadêmicos	Blogs	Cartas	E-mails
Quantitativo de respostas	*11*	*20*	*15*	*31*

Em seguida, você vai usar o próprio software da planilha para gerar gráficos que vão te ajudar a visualizar as informações. Gere um gráfico para cada pergunta do questionário.

Dicas importantes: Pense em qual formato de gráfico será o mais adequado para apresentar cada conjunto de dados. Alguns tipos de gráficos são melhores que outros para um determinado tipo de informação. Por exemplo, o gráfico setorial (tipo pizza ou circular) é adequado para perguntas de resposta única, como *Você tem o hábito de ler?*, mas não é adequado para perguntas em que o participante pode selecionar mais de uma opção, como *Marque os materiais que você costuma ler.*

Use legendas, títulos e numeração contínua para cada gráfico: Gráfico 1, Gráfico 2... (observe as normas da ABNT para formatação de gráficos; retome os manuais indicados neste capítulo). Além disso, em gráficos, tabelas e imagens é comum que seja cobrada a indicação da fonte. Se são de sua autoria, indique fonte como "elaborado pelo autor" ou "elaboração própria". Coloque a fonte em cada gráfico na sua análise.

Ao analisar os dados, faça referência ao gráfico ou gráficos em questão, citando a numeração dele(s). Por exemplo, "O Gráfico 1 apresenta as respostas para a pergunta: *Você tem o hábito de ler?*".

Procure colocar as informações em ordem crescente ou decrescente para que o gráfico fique mais organizado e seja mais fácil visualizar o que aconteceu.

Veja a seguir um exemplo de como apresentar as informações da Tabela 1 em forma de gráfico setorial (de pizza ou circular), acompanhado de uma análise das informações apresentadas:

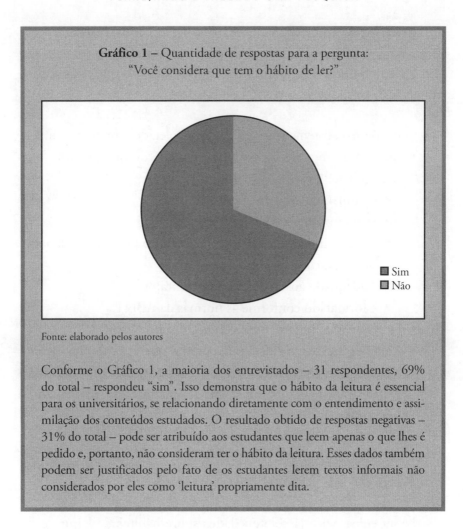

Gráfico 1 – Quantidade de respostas para a pergunta: "Você considera que tem o hábito de ler?"

Fonte: elaborado pelos autores

Conforme o Gráfico 1, a maioria dos entrevistados – 31 respondentes, 69% do total – respondeu "sim". Isso demonstra que o hábito da leitura é essencial para os universitários, se relacionando diretamente com o entendimento e assimilação dos conteúdos estudados. O resultado obtido de respostas negativas – 31% do total – pode ser atribuído aos estudantes que leem apenas o que lhes é pedido e, portanto, não consideram ter o hábito da leitura. Esses dados também podem ser justificados pelo fato de os estudantes lerem textos informais não considerados por eles como 'leitura' propriamente dita.

Após sistematizar os dados e construir as tabelas e os gráficos, portanto, você deverá incluí-los no texto da atividade, bem como descrever, analisar e interpretar os resultados obtidos num pequeno parágrafo analítico, que seja capaz de responder às perguntas: o que significam os números encontrados? Que conclusões podem ser tiradas a partir desse gráfico? O que ele nos revela sobre o comportamento dos participantes investigados?

Critérios de apreciação

Para verificar se você cumpriu adequadamente o que pedimos na Atividade 8, verifique se você:

- Expõe uma sistematização dos dados coletados em uma planilha;
- Apresenta um gráfico para cada pergunta do questionário; e se cada gráfico:
    - é numerado sequencialmente;
    - tem um título e uma legenda;
    - inclui a indicação da fonte (elaboração própria ou elaborado pelo(s) autor(es));
    - é adequado aos dados que apresenta;
    - é formatado conforme as normas da ABNT.
- Descreve adequadamente os dados obtidos.
- Analisa os dados obtidos, indicando o que esses resultados significam, que conclusões você tirou a partir deles e o que cada gráfico informa sobre o comportamento dos participantes investigados.

RELATÓRIO DE PESQUISA

Nesta etapa, você já coletou dados sobre hábitos de leitura e de escrita dos estudantes no contexto em que você estuda, sistematizou, organizou e analisou esses dados para tirar conclusões a partir deles e também fez leituras de outros trabalhos sobre o mesmo assunto. Agora, é hora de você relatar o percurso da sua pesquisa para a sua instituição através do relatório de pesquisa.

O relatório de pesquisa é um relato do desenvolvimento de uma pesquisa acadêmica e inclui a apresentação dos resultados e do conhecimento gerado por meio desse trabalho. Normalmente, na universidade, o relatório é utilizado para informar à instituição do pesquisador que a pesquisa foi realizada e costuma ser submetido ao mesmo órgão que aprovou o projeto inicial. Para projetos que necessitam de aprovação do Comitê de Ética, por exemplo, é necessário submeter o relatório à Plataforma Brasil após a finalização da pesquisa. Por isso, muito do que aparece no texto do relatório espelha aquilo que já foi introduzido no projeto. Em outras palavras, o projeto é o gênero que redigimos antes de fazer a pesquisa, como um planejamento para o futuro, e o relatório é o gênero que redigimos depois de fazer a pesquisa, como uma forma de contar como tudo foi feito e a que conclusões chegamos.

O relatório tem, então, uma estrutura muito parecida com a do projeto, somando-se as partes finais da pesquisa: os resultados e as conclusões. Além de acrescentar os resultados e conclusões, é importante adaptar as partes do projeto que foram modificadas ao longo da realização da pesquisa e também adaptar a metodologia (para o passado, não mais para o futuro), além de retirar o cronograma. A divisão das seções pode permanecer a mesma ou pode ser reorganizada. Às partes já presentes no projeto, deverão ser somadas outras duas: os resultados de pesquisa e as conclusões, que podem ser organizadas em uma única seção ou em seções separadas.

Dica importante: em pesquisas quantitativas, costuma-se pedir que o relatório inclua resultados e conclusões em duas seções distintas. Em pesquisas qualitativas, resultados e conclusões costumam aparecer em uma seção única. Acrescentam-se ainda considerações finais, além das seções já citadas.

Dessa forma, o relatório de pesquisa, como dito, deve conter todas as partes da pesquisa, distribuídas em seções coerentes, além de informações de identificação (título, dados de autoria e instituição de realização da pesquisa) e da seção de referências ao final.

As partes comuns ao projeto de pesquisa podem manter as mesmas informações, com suas devidas adaptações, conforme mudanças ocorridas no decurso da pesquisa.

Na "Introdução", você deve expor o assunto da pesquisa, o tema, o objeto de estudo e o problema; deve também fazer um pequeno histórico do problema (de onde surgiu) e justificar essa escolha (qual a importância de se trabalhar esse problema). Em seguida, você deve apresentar (na própria Introdução ou em seções dedicadas a isso) a hipótese e os objetivos do trabalho.

Na sequência, as seções "Fundamentação teórica" e "Metodologia" também seguem a mesma lógica do projeto de pesquisa, com suas devidas adaptações. Com a realização da pesquisa e o aprofundamento nas leituras, a fundamentação precisa estar agora mais consistente, deve expor clara e objetivamente os conceitos e as teorias que você usou. Além disso, você deve discutir as ideias e os resultados de outros autores que já trataram do mesmo tema, apresentar controvérsias (se for o caso) e explicitar o seu ponto de vista, fundamentando, justificando e deixando clara sua posição teórica. Lembre-se de sempre citar, adequadamente, as suas fontes de informação.

A metodologia deve ser adaptada, sendo escrita agora no passado, e não mais no futuro como no projeto. Além disso, alterações feitas ao longo do desenvolvimento da pesquisa devem se refletir nessa seção, como mudança no número de participantes, mudança na metodologia de análise de dados etc. Mesmo que façamos um bom planejamento no início da pesquisa, sempre são feitas modificações durante seu desenvolvimento, que precisam ser registradas no texto do relatório.

As partes que apresentam os resultados e as conclusões aparecem apenas no relatório e, portanto, devem ser apresentadas após a finalização da pesquisa. O relatório deve contar uma história, expondo como a pesquisa foi feita do início ao fim. Por isso, a apresentação dos resultados e das conclusões deve ser amarrada às seções anteriores, sempre de forma coerente aos objetivos apresentados no projeto.

A apresentação dos resultados deve trazer – principalmente – o que os pesquisadores encontraram na etapa metodológica de coleta de dados. Essa parte do relatório deve conter, então, os dados completos obtidos durante a realização da pesquisa (se forem muitos dados, uma boa sugestão é deixar alguns como exemplos no corpo do texto e registrar todos em um Apêndice). Deve ser um texto descritivo. No caso de uma pesquisa como a proposta neste livro, devem ser apresentados os resultados absolutos para cada item investigado, os dados detalhados sobre os participantes, os dados obtidos para cada pergunta do questionário; e os resultados estatísticos para cada item, apontando tendências e generalizações que vão subsidiar a análise que virá em seguida. Os resultados podem ser apresentados em forma de texto, de quadros, de tabelas e de gráficos – lembrando que gráficos devem ser construídos com cuidado para que sejam informativos, claros e relevantes.

Após a apresentação dos resultados, mais descritiva, as conclusões devem ser elaboradas a partir de uma análise feita com base na teoria explorada na seção "Fundamentação teórica". A análise dos resultados deve trazer – principalmente – o que os pesquisadores concluíram a partir da análise dos resultados obtidos na etapa metodológica de coleta de dados. Deve ser um texto argumentativo. Analisar é mais do que descrever, é avaliar criticamente os resultados, tirando deles conclusões e generalizações. Em outras palavras, você deve fazer uma discussão dos seus resultados e explicar o que os dados analisados permitem concluir. Nesse momento, você também deve apresentar as suas impressões e suas visões. Deixe transparecer sua personalidade no seu trabalho, você é o escritor. Seu trabalho, mesmo sendo acadêmico, tem que ter a sua cara. Lembre-se: o leitor deve "ouvir você falando" quando estiver lendo o seu texto.

Para fazer a análise de forma coerente à proposta inicial da pesquisa, retome o problema e a hipótese. Compare os resultados com o que foi proposto inicialmente e se pergunte se os dados confirmam as suas hipóteses e se resolvem o problema de pesquisa levantado. Use os conceitos teóricos selecionados na sua fundamentação teórica para explicar os resultados e observe se o estudo deixa lacunas de pesquisa para o futuro.

Você pode se perguntar sobre a importância de analisar os resultados. Por que precisamos interpretá-los? Não basta indicar os dados que encontramos? A análise torna possível a construção do conhecimento sobre um assunto, a partir de uma perspectiva teórica determinada. Além disso, dados brutos em si não constituem acréscimo ao conhecimento sobre um assunto. Eles precisam ser analisados, explicados, justificados, relacionados a outros dados ou informações. Esse trabalho precisa ser feito pelo pesquisador.

Após a seção "Conclusões", inclua a de "Considerações finais". Nela, retome os objetivos propostos na "Introdução", faça um breve resumo do que foi feito e das suas principais conclusões (que são, como dito, consequência do que foi feito e não tiradas do acaso). Mostre que o objetivo geral do trabalho foi cumprido. A essa seção não deve ser acrescentada nenhuma informação nova. É uma seção curta (um ou alguns parágrafos) para retomada do que foi apresentado e fechamento do texto.

No diagrama a seguir, mostramos um resumo das etapas para a apresentação dos resultados, das conclusões e das considerações finais:

Resultados	• A apresentação dos resultados deve ser amarrada às seções anteriores, sempre de forma coerente aos **objetivos** propostos para a pesquisa. • A apresentação dos resultados deve trazer, principalmente, o que os pesquisadores encontraram na etapa metodológica de **coleta de dados**.
Conclusões	• Conclusões devem ser tiradas a partir de uma **análise** dos resultados apresentados. • Analisar é mais do que descrever, é avaliar criticamente, tirando dos resultados conclusões e generalizações: para tanto, é necessário contrastá-los com as hipóteses levantadas, "resolver" o problema de pesquisa e usar os conceitos da teoria escolhida para explicar os dados encontrados.
Considerações finais	• Para finalizar, retome as etapas da pesquisa de forma resumida, ressalte as principais contribuições e apresente os problemas e dificuldades no decorrer da realização da pesquisa, assumindo limitações para as conclusões obtidas e indicando caminhos para pesquisas futuras a partir de lacunas deixadas.

Por fim, inclua a seção "Referências". Liste em ordem alfabética (pelo sobrenome do autor) e formate conforme a ABNT as obras citadas no trabalho. Vale lembrar que aqui devem ser incluídas apenas aquelas obras que foram de fato citadas, ou seja, não devem constar as obras que foram apenas consultadas.

PLANEJANDO E FAZENDO UMA PESQUISA

■ **ATIVIDADE 9:** Produzindo um relatório de pesquisa

A partir da análise dos dados da Atividade 8, você vai elaborar um relatório que contenha toda a trajetória da pesquisa sobre hábitos de leitura e de escrita (ou sobre o tema de sua escolha) desenvolvida até aqui. Lembre-se de que, como o relatório apresenta uma pesquisa já realizada, você deve falar sobre ela com verbos no pretérito. Embora não haja orientação rígida sobre a extensão do relatório, sugerimos que ele tenha entre quatro e oito páginas para este exercício, em formatação conforme a ABNT. Siga as instruções a seguir.

Seu relatório deve ter:

1. Título da pesquisa
   O título deve ser claro e objetivo, expondo o tema da pesquisa.
2. Identificação de autor, com informações sobre instituição e contato (e-mail)
3. Os elementos da pesquisa, divididos em seções numeradas (apenas a seção de referências não é numerada)

Sugerimos que você utilize a divisão em seis seções: Introdução (inclui o tema e o objeto de estudo do trabalho, o problema e as hipóteses, a justificativa e os objetivos geral e específicos), Fundamentação teórica, Metodologia, Resultados, Conclusões, Considerações finais e Referências. Lembre-se, porém, de que você também pode dividir as partes em diferentes seções, conforme seu estilo e a organização da sua pesquisa. Nem todos esses elementos precisam compor uma seção à parte.

O sentido de existência de um relatório de pesquisa é mostrar o que foi desenvolvido pela perspectiva de quem já finalizou o trabalho. Esse ponto de vista é diferente da perspectiva de quem ainda vai desenvolver a pesquisa (como feito no projeto) ou de quem ainda vai colocar a pesquisa em prática (análise de dados). No relatório, você pode e deve usar partes de textos que você escreveu tanto no projeto

(Atividade 7) quanto na análise de dados (Atividade 8), desde que as devidas adaptações sejam feitas. Não é necessário incluir todos os gráficos feitos e análises individuais para cada um; no relatório os resultados e conclusões podem ser apresentados de forma mais geral. Para a produção do seu relatório, lembramos, siga as normas de formatação, de citação e de referências da ABNT, encontradas nos manuais indicados neste capítulo.

Critérios de apreciação

Para a realização adequada da Atividade 9, verifique se você:

- Apresenta o título da pesquisa e os dados de autoria e da instituição.
- Contempla no seu relatório todas as partes básicas da sua pesquisa, indicadas na atividade, apresentando de forma clara e objetiva:
  - contextualização, tema, objeto de estudo;
  - problematização;
  - hipóteses;
  - objetivos;
  - justificativa;
  - fundamentação teórica;
  - metodologia;
  - resultados;
  - conclusões;
  - considerações finais.
- Distribui as partes da pesquisa em seções de forma coerente.
- Cita adequadamente outros trabalhos sobre o mesmo assunto e discute suas ideias.
- Organiza bem o texto e o formata conforme as regras da ABNT.
- Faz uma revisão da linguagem, considerando a coesão, a coerência e a adequação ao gênero textual.
- Indica a referência completa dos textos citados ao final, na lista de referências, seguindo as normas da ABNT.

Dica importante: o relatório é um gênero bastante complexo, por isso, não se preocupe se o seu texto demandar algumas rodadas de escrita, revisão, correção e reescrita até que chegue à versão final. Lembre-se de que o texto não fica pronto "numa tacada só", e nem é escrito linearmente da primeira à última palavra, mas construído num processo de escrita descontínuo e não linear. Se for possível contar com a revisão de um colega ou professor, incentivamos que o texto seja reescrito a partir das sugestões recebidas, o que te ajudará a apreender melhor o gênero e adequar questões linguísticas e de normalização.

Tendo finalizado o percurso de pesquisa, no próximo capítulo, avançaremos para as etapas de divulgação do conhecimento produzido. Afinal de contas, para o avanço da ciência, é fundamental que as novas descobertas sejam compartilhadas.

DIVULGANDO A PESQUISA

Até aqui, você coletou dados referentes ao tema de sua pesquisa assim como realizou leituras de outros trabalhos relacionados a ele. Esses dados foram sistematizados, organizados e devidamente analisados, permitindo que você tirasse conclusões que foram fundamentadas nas teorias escolhidas como referencial. Você passou por todo o percurso de uma pesquisa acadêmica. O próximo passo do processo é **divulgar os resultados da sua pesquisa**.

As pesquisas realizadas no âmbito acadêmico precisam de uma ampla divulgação para garantir que o conhecimento gerado seja difundido efetivamente. Neste capítulo, você vai conhecer diferentes possibilidades de compartilhar a pesquisa que foi desenvolvida no capítulo anterior. Vai notar que cada uma das formas de divulgação solicita gêneros textuais específicos, adaptados às variadas condições de circulação desse conhecimento e direcionados a públicos distintos. Apresentaremos alguns gêneros textuais que poderão ser utilizados.

ARTIGO CIENTÍFICO

Você se lembra do que discutimos sobre o artigo científico em "Conhecendo pesquisas"? Entre outras informações que você pode rever no capítulo, explicamos que o artigo é um texto que apresenta os resultados de pesquisas acadêmicas e é publicado em revistas científicas especializadas, chamadas também de periódicos científicos.

Neste momento, é importante fazer uma breve comparação entre o relatório de pesquisa, que você já escreveu, e o artigo. O que aproxima esses dois gêneros é o fato de serem produzidos com a finalidade de mostrar os resultados e as conclusões de uma pesquisa já realizada. Porém, seus contextos de circulação são distintos, o que faz com que apresentem algumas propriedades diferentes, ainda que tenham sua origem no ambiente universitário.

O relatório de pesquisa é um gênero mais restrito, escrito por um pesquisador para apresentar o resultado de sua pesquisa a um público específico, como a agência de fomento que a financiou, o orientador, o programa de pós-graduação, o departamento e o Comitê de Ética da sua universidade. O relatório, como sugere o próprio nome, é um texto que relata uma pesquisa proposta (no projeto) e realizada, mostrando seus resultados. É um gênero muito utilizado como forma de prestação de contas ou de avaliação de uma pesquisa.

O artigo, por sua vez, é um gênero que se propõe a divulgar o conhecimento produzido a partir de uma pesquisa. Por isso, ele é publicado em periódicos científicos, que alcançam um público mais amplo: pesquisadores e estudantes de uma determinada área de estudo. Assim, o artigo passa por uma avaliação criteriosa antes de ser publicado, uma vez que esse gênero apresenta para a comunidade científica não apenas o histórico da pesquisa, mas também um novo conhecimento gerado e as contribuições da pesquisa para a área em questão.

Por causa da sua função, a estrutura do artigo não se espelha mais na do projeto. O artigo é, em geral, organizado em um número menor de seções, maiores em extensão do que as do projeto e do relatório, contendo um conteúdo mais aprofundado. A divisão em seções no artigo não segue uma lógica rígida, mas deve refletir a estrutura e a natureza da pesquisa apresentada. Basicamente, o artigo é estruturado da seguinte forma, como já discutimos em detalhes no capítulo "Conhecendo pesquisas":

Elementos pré-textuais:
Título (com subtítulo opcional);
Nome(s) do(s) autor(es), instituição de filiação, dados de titulação e contato;
Resumo na língua do artigo;
Palavras-chave na língua do artigo;
Resumo e palavras-chave em língua estrangeira (que podem também ser inseridos ao final, após os elementos textuais).

Elementos textuais:
Introdução
Desenvolvimento
Conclusão

Elementos pós-textuais:
Agradecimentos (opcional)
Referências
Apêndice (opcional)
Anexo (opcional)

Propomos, agora, que você produza um artigo científico, tendo como base a pesquisa que desenvolveu até aqui.

■ **ATIVIDADE 10:** Produzindo um artigo científico

Você deve produzir um artigo que inclua as partes fundamentais da pesquisa que você desenvolveu, divididas em seções. A divisão em seções deve ser organizada conforme a melhor maneira de apresentar o conteúdo da sua pesquisa à comunidade científica e não precisa refletir as seções do projeto e do relatório. Lembre-se de que o seu público-alvo agora é a comunidade científica de forma mais ampla, e que seu objetivo é mostrar o conhecimento que foi gerado e a contribuição que sua pesquisa trouxe para a área de estudos em que se insere.

Para praticar a produção de um artigo o mais próximo possível de um contexto real, você vai usar, nesta atividade, as orientações para formatação de manuscritos adaptadas do periódico *Texto Livre*, indicadas a seguir:

- Limite entre 5 mil e 8 mil palavras (do título às referências).
- Seu artigo deve ter um título em português e sua tradução para o inglês.
- Após o título, o nome de todos os autores deve ser indicado, com as seguintes informações para cada autor: instituição, faculdade e departamento, cidade, estado e o país, ID ORCiD, e-mail institucional.
- Em seguida, aparecem os resumos e palavras-chave em português e em inglês, respectivamente. Como o resumo é feito sempre ao fim da produção do artigo, ele poderá ser inserido após as orientações sobre o resumo que daremos adiante neste capítulo (Atividade 11).
- Cada seção do artigo deve ter um título com numeração sequencial, com exceção do título das referências, que não deve ser numerado.
- As páginas devem vir com numeração.
- Notas explicativas devem aparecer como nota de rodapé, com numeração contínua ao longo do texto.
- Todas as imagens devem ser devidamente numeradas e acompanhadas de legendas e indicação de fonte. A nomenclatura para este tipo de material deve ser: **Figura** com início em maiúscula e a numeração progressiva. Exemplo: **Figura 1.** Mapa conceitual dos hábitos de leitura. Deve ser colocada abaixo do material em

forma de legenda. A fonte de sua origem deve ser inserida após a legenda, mesmo se as imagens forem de autoria própria.

- As **Tabelas** e **Gráficos** devem ser acompanhados de numeração e de título que permita compreender o significado dos dados reunidos, sem necessidade de referência ao texto, colocado sempre acima do material. Exemplo: **Tabela 1**. Dados dos sujeitos pesquisados. A fonte de sua origem deve ser inserida na parte inferior.
- Dedicatórias e agradecimentos, que são opcionais, devem vir após o último parágrafo do texto e antes das referências.
- Citações e referências devem seguir as normas vigentes da ABNT.

Critérios de apreciação

Para a realização adequada da Atividade 10, espera-se que você:

- Produza um artigo científico que apresente os resultados da sua pesquisa. Este artigo deve:
  - ter um título objetivo e informativo, que reflita o conteúdo do texto;
  - incluir as informações de autoria;
  - contemplar as principais partes da pesquisa: tema, objeto de estudo, problematização, objetivos, fundamentação teórica, metodologia, resultados e conclusões organizadas em seções;
  - mostrar o conhecimento que foi gerado e a contribuição que sua pesquisa proporcionou para a área de estudos em que se insere.
- Cite adequadamente outros trabalhos sobre o mesmo assunto e discuta as ideias apresentadas neles.
- Organize bem o texto e sua formatação conforme as regras apresentadas no exercício.

- Indique a referência completa dos textos citados, conforme a ABNT, na seção "Referências".
- Faça uma revisão final do texto, incluindo revisão da linguagem e da estrutura do artigo.

Dica importante: O artigo, assim como o relatório, é um gênero bastante complexo, por isso, demanda algumas revisões e reescritas. Lembre-se de que o texto é construído num processo de escrita descontínuo, ou seja, não ficará pronto de uma vez só. Se for possível contar com a revisão de um colega ou professor, incentivamos que o artigo seja reescrito a partir das sugestões recebidas, o que te ajudará a apreender melhor o gênero e a ajustar questões linguísticas e de normalização.

Agora que você produziu seu artigo, vamos trabalhar no resumo, um texto curtinho, porém muito importante, que acompanha muitos textos acadêmicos. É nessa parte que você vai fisgar o seu leitor e convencê-lo de que seu estudo é relevante e pertinente e, portanto, merece ser lido.

RESUMO ACADÊMICO (*ABSTRACT*)

Resumos acadêmicos são comuns no ambiente universitário. É possível encontrá-los na primeira página de artigos científicos, no início de teses, dissertações e monografias, e costumam ser acompanhados de palavras-chave (termos representativos do conteúdo do texto). Em textos publicados no Brasil, os resumos em português também são acompanhados de uma tradução em língua estrangeira, chamados, em inglês, de *abstract*. O resumo acadêmico é um pequeno texto que sintetiza o conteúdo dos textos. Você deve ter visto um resumo desse tipo no artigo que você buscou na Atividade 1 do capítulo "Conhecendo pesquisas". Retome esse artigo e observe o resumo que o acompanha.

Os resumos acadêmicos precisam trazer, de forma sucinta, as seguintes informações:

- o tema, o objeto de estudo e o objetivo geral;
- a metodologia da pesquisa;
- os resultados encontrados na pesquisa;
- as principais conclusões e/ou considerações finais.

Neste sentido, o resumo precisa refletir a estrutura da pesquisa acadêmica, indicando de forma breve cada uma de suas partes.

O formato e o tamanho dos resumos dependem do gênero do texto que ele acompanha. Resumos de artigos científicos costumam ser mais breves, tendo entre 100 e 250 palavras. Resumos que acompanham textos maiores, como teses e dissertações, tendem a ser maiores, podendo ter cerca de até 500 palavras.

Vejamos como é o resumo acadêmico do artigo "Revistas predatórias: um inimigo a ser combatido na comunicação científica", mencionado no capítulo "Conhecendo pesquisas":

RESUMO

Introdução:
A produção científica constitui elemento fundamental para a reputação de um pesquisador e de uma universidade de tal modo que a pressão por publicar se torna cada vez mais preponderante no meio acadêmico.

Objetivo:
Busca-se analisar o crescente fenômeno das revistas predatórias como uma ameaça ao universo científico e as formas para que possam ser identificadas e evitadas.

Metodologia:
Com base na literatura internacional, discute-se o conceito, as características e as formas de identificação das revistas predatórias, além de algumas questões que podem iluminar as reflexões sobre os impactos que essa realidade vem trazendo ao meio acadêmico.

Resultados:
Evidencia-se a necessidade de fazer frente a essa ameaça por meio de uma ação conjunta de autores (os investigadores), editores, instituições de ensino e pesquisa, agências de fomento à pesquisa, e bases de dados bibliográficas no sentido de garantir que a comunicação científica nos mais diversos campos do conhecimento se faça em moldes éticos, transparentes e defensáveis.

Conclusão:
Torna-se necessário o desenvolvimento, por parte dos investigadores, de uma competência específica para distinguir entre as revistas confiáveis e as fraudulentas desconsiderando os convites, muitas vezes tentadores, para publicar ou integrar comitês editoriais de periódicos predatórios.

Palavras-chave:
Revistas predatórias; Comunicação científica; Ética na informação; Revistas científicas

Observe que este resumo, como é comum em algumas áreas de pesquisa, como a Ciência da Informação, tem subtítulos que indicam cada parte da pesquisa: a Introdução (que apresenta o tema e o objeto de estudo), o Objetivo, a Metodologia, os Resultados e a Conclusão. Observe também que as palavras-chave são termos que representam os principais assuntos tratados no artigo.

Porém, nem todas as áreas de pesquisa costumam estruturar os resumos dessa forma. Nas Ciências Humanas e na área de Linguística, Letras e Artes, por exemplo, os resumos são mais frequentemente estruturados em parágrafo. As mesmas informações sobre a pesquisa estão presentes, porém são encadeadas em forma de um texto coeso sem subdivisões. Vejamos o resumo do artigo "Levantamento sobre hábitos de leitura e de escrita entre estudantes de engenharia", já mencionado no capítulo "Planejando e fazendo uma pesquisa".

DIVULGANDO A PESQUISA

RESUMO

Este artigo, produto da experiência de uma sequência didática para aprendizagem de gêneros acadêmicos, visa apresentar dados de um levantamento sobre os hábitos de leitura e de escrita entre estudantes de engenharia. Foi aplicado um instrumento *online* (*Google Forms*) com cinco questões (abertas e fechadas) sobre o tema. Verificou-se que grande parte dos estudantes possuem o hábito de leitura, sendo que a maioria se dedica a ler artigos e livros acadêmicos. A respeito do hábito de escrita, observou-se que ocorre em frequência menor e está vinculada às necessidades do curso, destacando-se como maiores dificuldades: a) transferir as ideias para o papel; b) organizar as ideias de forma coerente. De maneira geral, a existência de disciplinas que enfoquem escrita específica para estudantes de engenharia, juntamente com o esforço do próprio aluno, auxiliaria utilização de técnicas para desenvolver a escrita tanto pessoal quanto profissionalmente, como produção de textos técnicos, manuais de instruções ou normas operacionais.

Palavras-chave: Competências. Habilidade de comunicação. Gêneros textuais/discursivos.

O resumo se inicia contextualizando a pesquisa, indicando que se trata de um "produto da experiência de uma sequência didática para aprendizagem de gêneros acadêmicos". Em seguida, apresenta o objetivo do artigo, junto com o tema e o objeto da pesquisa: "visa a apresentar dados de um levantamento sobre os hábitos de leitura e de escrita entre estudantes de engenharia". A próxima etapa é a apresentação da metodologia: "Foi aplicado um instrumento *online* (*Google Forms*) com cinco questões (abertas e fechadas) sobre o tema". E a maior parte do resumo é dedicada à apresentação dos resultados e da conclusão. Primeiro, são apresentados os resultados: "Verificou-se que grande parte dos estudantes possuem o hábito de leitura, sendo que a maioria se dedica a ler artigos e livros acadêmicos. A respeito do hábito de escrita, observou-se que ocorre em frequência menor e está vinculada às necessidades do curso, destacando-se como maiores dificuldades: a) transferir as ideias para o papel; b) organizar as ideias de forma coerente". Em seguida, a conclusão: "De maneira geral, a existência de disciplinas que enfoquem escrita específica para estudantes de engenharia, juntamente com o esforço do próprio aluno, auxiliaria [na] utilização de técnicas para desenvolver a escrita tanto pessoal quanto profissionalmente, como produção de textos técnicos, manuais de instrução ou normas operacionais".

O resumo em forma de parágrafo segue a mesma lógica e a mesma ordenação do resumo que é dividido em subtítulos; também estão presentes as mesmas partes da pesquisa acadêmica.

Por fim, é importante dizer que nem sempre todos os elementos da pesquisa elencados anteriormente (o tema, o objeto, o objetivo geral, a metodologia, os resultados e as conclusões) estarão presentes em um resumo acadêmico. Pode ser que o resumo traga informações a mais ou a menos, fazendo outros recortes da pesquisa, como a perspectiva teórica adotada, o problema de pesquisa e a hipótese. Em suma, o conteúdo do resumo depende da natureza da pesquisa e de quais tópicos o autor quer destacar.

Vamos observar agora como se estrutura o resumo do artigo "A leitura em múltiplas fontes: um processo investigativo", que lemos no capítulo "Conhecendo pesquisas":

RESUMO

Neste artigo se discute a leitura, em ambiente digital, como um processo de investigação. A internet oferece um ambiente muito rico aos leitores e, por isso, exige deles uma navegação consciente, bem como uma boa seleção de informações pertinentes e confiáveis para o cumprimento dos objetivos de leitura. Sendo assim, pode-se dizer que a leitura na internet costuma ser uma atividade de investigação que envolve a formulação de perguntas e a investigação para a construção de saberes. Apresentam-se, aqui, algumas estratégias que podem contribuir para uma leitura bem-sucedida e que podem orientar, também, o trabalho dos professores que pretendem ajudar aos alunos no trabalho com textos na internet para aquisição de conhecimento.
Palavras-chave: Leitura; Navegação; Investigação

Por causa da natureza da pesquisa apresentada no artigo "A leitura em múltiplas fontes: um processo investigativo", o seu resumo segue um caminho um pouco diferente. Começa, assim como os demais, apresentando o tema e o objeto de estudo: "Neste artigo se discute a leitura, em ambiente digital, como um processo de investigação". Em seguida, levanta uma problematização a respeito desse objeto: "A internet oferece um ambiente muito rico aos leitores e, por isso, exige deles uma navegação consciente, bem como uma boa seleção de informações pertinentes e confiáveis para o cumprimento dos objetivos de leitura". Depois de apresentar o problema, indica uma hipótese: "Sendo assim, pode-se dizer que a leitura na internet costuma ser uma atividade de investigação que envolve a formulação de perguntas e a investigação para a construção de saberes". Por fim, o resumo se encerra com a apresentação de seu objetivo geral: "Apresentam-se, aqui, algumas estratégias que podem contribuir para uma leitura bem-sucedida e que podem orientar, também, o trabalho dos professores que pretendem ajudar aos alunos no trabalho com textos na internet para aquisição de conhecimento".

■ **ATIVIDADE 11:** Analisando o resumo acadêmico (*abstract*)

Nesta atividade, você vai identificar as partes de um resumo acadêmico. Para isso, use o resumo do artigo que você buscou para fazer a Atividade 1 do capítulo "Conhecendo pesquisas".

Observe se o resumo do artigo escolhido por você é estruturado em subtítulos, como o resumo do artigo "Revistas predatórias: um inimigo a ser combatido na comunicação científica", ou se é estruturado em um único parágrafo, como os resumos dos artigos "Levantamento sobre hábitos de leitura e de escrita entre estudantes de engenharia" e "A leitura em múltiplas fontes: um processo investigativo".

Faça uma análise desse resumo e identifique nele quais das partes da pesquisa são apresentadas. Como foi destacado nesta seção, de forma geral, os resumos acadêmicos apresentam o tema, o objeto de estudo, o objetivo geral, a metodologia, os resultados e as principais conclusões e/ou considerações. Porém, lembre-se de que nem todos esses elementos estão presentes em todos os resumos, e outros elementos, como o problema, a hipótese e a fundamentação teórica, podem aparecer. Por isso, leia atentamente o resumo a ser analisado e observe as partes apresentadas nele.

Para essa análise, sugerimos que você use o formato de tabela. A tabela, que é um recurso didático, ajudará você a visualizar melhor as partes do resumo e a identificação de cada uma delas. Na primeira linha, indique a referência completa do artigo com seu link de acesso. Na coluna da esquerda reproduza o resumo integralmente, já dividido, conforme cada parte apresentada. Na coluna da direita, identifique cada parte.

Como exemplo, para o resumo do artigo "Revistas predatórias: um inimigo a ser combatido na comunicação científica", a seguinte tabela pode ser construída:

GUIMARÃES, José Augusto Chaves; HAYASHI, Maria Cristina Piumbato Innocentini. Revistas predatórias: um inimigo a ser combatido na comunicação científica. *RDBCI: Revista Digital de Biblioteconomia e Ciência da Informação*, Campinas, SP, v. 21, n. 00, p. e023003, 2023. DOI: 10.20396/rdbci.v21i00.8671811. Disponível em: https://periodicos.sbu.unicamp.br/ojs/index.php/rdbci/article/view/8671811. Acesso em: 8 out. 2024.	
A produção científica constitui elemento fundamental para a reputação de um pesquisador e de uma universidade de tal modo que a pressão por publicar se torna cada vez mais preponderante no meio acadêmico.	**Introdução e contextualização do tema**
Busca-se analisar o crescente fenômeno das revistas predatórias como uma ameaça ao universo científico e as formas para que possam ser identificadas e evitadas.	**Apresentação do objeto de estudo e do objetivo**
Com base na literatura internacional, discute-se o conceito, características e as formas de identificação das revistas predatórias, além de algumas questões que podem iluminar as reflexões sobre os impactos que essa realidade vem trazendo ao meio acadêmico.	**Metodologia**

Evidencia-se a necessidade de fazer frente a essa ameaça por meio de uma ação conjunta de autores (os investigadores), editores, instituições de ensino e pesquisa, agências de fomento à pesquisa, e bases de dados bibliográficas no sentido de garantir que a comunicação científica nos mais diversos campos do conhecimento se faça em moldes éticos, transparentes e defensáveis.	**Resultados**
Torna-se necessário o desenvolvimento, por parte dos investigadores, de uma competência específica para distinguir entre as revistas confiáveis e as fraudulentas desconsiderando os convites, muitas vezes tentadores, para publicar ou integrar comitês editoriais de periódicos predatórios.	**Conclusão**

Caso o artigo que você escolheu não tenha resumo ou se você não tiver feito a Atividade 1, escolha outro artigo que tenha um resumo que você considere bom ou exemplar. Lembre-se de buscar nas fontes confiáveis que você aprendeu no capítulo "Conhecendo pesquisas".

Critérios de apreciação

Para a realização adequada da Atividade 11, espera-se que você:

- Recupere o artigo selecionado para a Atividade 1 do capítulo "Conhecendo pesquisas" (ou busque por um artigo em fontes confiáveis, se for o caso).
- Encontre e leia o resumo do artigo.
- Analise o resumo do artigo, identificando nele as partes da pesquisa que são apresentadas (tema, objeto de estudo, objetivo, metodologia, resultados e conclusão e/ou outras).

LETRAMENTO ACADÊMICO

- Organize sua análise em forma de tabela, em que estejam explicitadas:
  - a referência completa do artigo e o link de acesso na primeira linha;
  - a reprodução total do resumo na primeira coluna;
  - a identificação de cada parte na segunda coluna.

Para a atividade anterior, você observou que os artigos científicos são acompanhados de resumos acadêmicos. Assim, neste ponto da sua trajetória de pesquisa, chegou o momento de você produzir o seu próprio resumo.

■ ATIVIDADE 12: Produzindo o resumo acadêmico (*abstract*)

Você já coletou e analisou seus dados, fez o seu relatório de pesquisa e também escreveu um artigo apresentando os resultados que obteve. Para finalizar, você vai produzir o resumo acadêmico que acompanhará o seu artigo, produzido na Atividade 10.

Redija um resumo acadêmico, estruturado em forma de parágrafo, que contenha os seguintes elementos da sua pesquisa:

1. O tema, o objeto de estudo e o objetivo geral.
2. A metodologia da pesquisa.
3. Os resultados encontrados na pesquisa.
4. As principais conclusões e/ou considerações finais.

Assim como seu artigo, seu resumo deverá seguir as regras de estruturação e formatação adaptadas do periódico *Texto Livre*, apresentadas a seguir:

Resumo: O resumo deve vir duas linhas abaixo do título do artigo. A palavra Resumo (como pode ser vista neste modelo) deve vir em negrito e sem itálico, seguida de dois pontos. O texto do resumo deve começar após a palavra no mesmo parágrafo. O resumo deve seguir as normas de formatação da ABNT, conter objetivo, método, resultados e conclusões da pesquisa apresentada no artigo; compor-se de sequência de frases concisas em parágrafo único; e ter entre 100 e 250 palavras.

Palavras-chave: Termo 1. Termo 2. Termo 3.

A expressão **Palavras-chave** (como demonstrada no modelo) deve vir em negrito e sem itálico, seguida de dois-pontos. Já as palavras-chave, propriamente ditas, devem ser registradas com suas iniciais maiúsculas, separadas por ponto-final, sem negrito ou itálico, finalizadas por ponto.

Então, após o título do artigo que você produziu na Atividade 10, devem vir os resumos e as palavras-chave em português e em inglês, respectivamente.

Critérios de apreciação

Para a realização adequada da Atividade 12, espera-se que você:

- Construa para o seu artigo um resumo em forma de parágrafo que contenha informações sobre:
  - o tema, o objeto de estudo e o objetivo geral;
  - a metodologia da pesquisa;
  - os resultados encontrados na pesquisa;
  - as principais conclusões e/ou considerações.
- Limite o seu resumo entre 100 e 250 palavras.
- Verifique se seu resumo está claro, bem organizado e bem articulado (ou seja, se a relação entre as frases está bem marcada).

- Apresente de 3 a 5 palavras-chave, que são termos representativos do assunto abordado no seu artigo.
- Formate seu resumo conforme as orientações do periódico *Texto Livre*, indicadas na atividade.
- Faça também versões do seu resumo e de suas palavras-chave em inglês.
- Insira seu resumo no texto do seu artigo.

Dicas importantes: Após produzir o seu artigo e um bom resumo, é hora de iniciar o processo de submissão, primeira etapa para a publicação. A submissão consiste no envio do texto do artigo a um periódico científico, para iniciar o processo de avaliação por pares. Para isso, é importante selecionar um periódico adequado para o tema da sua pesquisa. Para tanto, é preciso acessar o resumo que geralmente é apresentado nos sites dos periódicos da sua área de pesquisa e conhecer seu foco e escopo. Antes de iniciar a submissão, se pergunte se sua pesquisa e seu artigo se encaixam no escopo daquele veículo. Escolha também um periódico sério e ético, nunca um predatório.

Depois de verificar qual é o periódico mais adequado para divulgar os resultados da sua pesquisa, você deve buscar em seu site as normas para os autores. Lá, você vai encontrar todas as condições e instruções para a submissão de manuscritos, incluindo a formatação adequada. Siga essas instruções para preparar e formatar seu artigo. Feito isso, você poderá submeter seu texto para avaliação. Depois da submissão, os editores vão conferir se seu artigo está adequado às normas e, se for o caso, enviar o texto para pelo menos dois pareceristas (esse é o processo de avaliação por pares). Os pareceristas, especialistas da área, vão avaliar o seu texto, observando a qualidade tanto da pesquisa desenvolvida quanto da redação do texto. Ao final desse processo, o seu artigo pode ser aprovado, recusado ou os editores podem solicitar alterações para uma nova avaliação.

Caso seu artigo seja recusado, não desanime. Use as recomendações e avaliações dos pareceristas para melhorar sua pesquisa e seu texto, esclarecer pontos obscuros e submeter novamente.

Para esse exercício de escrita, você não precisa pensar em publicação e nem se preocupar com uma formatação específica, porque isso depende das normas de cada periódico para o qual você irá submeter o seu texto. Mas seus trabalhos de pesquisa futuros na universidade certamente terão resultados interessantes que poderão ser publicados.

PARTICIPANDO DE EVENTOS CIENTÍFICOS

Os eventos científicos são uma forma importante e também prazerosa de divulgar pesquisas. Afinal de contas, há um esforço muito grande nesses estudos e eles merecem ser vistos e conhecidos pela comunidade acadêmica. Esses eventos recebem nomes diferentes, como congressos, simpósios, encontros, workshops, colóquios, entre outras designações. Tudo vai depender da sua amplitude, podendo ter alcance local, regional, nacional ou internacional. Em relação à periodicidade, podem ser realizados pontualmente ou em intervalos regulares.

Um bom exemplo no Brasil é a Reunião Anual da Sociedade Brasileira para o Progresso da Ciência (SBPC). Como podemos ver, a própria designação dessa reunião indica sua periodicidade anual, que sua organização é feita por uma sociedade nacional e que ela abrange várias áreas de conhecimento, já que a ciência é uma temática abrangente.

Nessas reuniões, que podem ser presenciais ou on-line, pesquisadores de várias localidades do Brasil e/ou do mundo se encontram com o objetivo de conversar sobre suas pesquisas, promovendo contribuições, recebendo *feedbacks*, além de estabelecerem contatos com uma rede de outros pesquisadores que compartilham interesses acadêmicos em comum.

Você provavelmente já percebeu que as pesquisas científicas passam por constante avaliação. Essa prática é importante para garantir que elas sejam bem fundamentadas, sigam os padrões científicos estabelecidos e cumpram o rigor acadêmico. Com os eventos científicos não poderia ser diferente.

Quando um pesquisador, seja professor ou estudante, pretende apresentar sua pesquisa em um evento científico, ele deve observar alguns requisitos para a submissão de sua proposta de trabalho. Tais requisitos abrangem tanto as diretrizes operacionais, que incluem informações sobre a organização do evento, como local, data, cronograma, modalidade do evento (presencial ou on-line, sendo síncrona ou assíncrona), quanto diretrizes da pesquisa, como o tema proposto, as orientações de formatação e conteúdo do trabalho. Essas propostas são avaliadas por comissões científicas, responsáveis por analisar todos esses aspectos e garantir a qualidade dos trabalhos de pesquisa apresentados em um evento desse tipo.

As regras para submissão de trabalhos podem variar entre eventos. Uma vez que o trabalho é aceito para apresentação, os autores devem comparecer ao evento no horário previamente marcado e permanecer de acordo com o tempo disponibilizado para isso (em comunicação oral ou em outros formatos, como o pôster).

De forma geral, é comum que a participação em eventos científicos comece a partir da submissão de um resumo para congresso.

Resumo acadêmico para congresso

O resumo acadêmico para congresso sintetiza ideias de uma pesquisa que será apresentada em um evento científico. Sendo um texto curto, ele facilita a avaliação pela comissão científica, que vai observar a adequação da pesquisa ao evento e a seus eixos temáticos (temas e áreas propostos para discussão). Depois de avaliado e aprovado, o resumo também pode ser disponibilizado, tanto de forma impressa quanto digital, para permitir uma leitura rápida pelo público do evento que avaliará seu interesse em assistir àquela apresentação. Por fim, os resumos também podem servir como registros das apresentações de um evento e ser publicados em seu caderno de resumos ou anais.

O resumo acadêmico geralmente inclui, no cabeçalho, informações de título da proposta, nome do proponente, sua instituição e seu endereço de e-mail. A estrutura do resumo costuma apresentar informações como:

- Contextualização da pesquisa, tema e objeto de estudo;
- Objetivo(s);
- Fundamentação teórica;

- Abordagem metodológica;
- Resultados obtidos ou esperados;
- Conclusões.

A formatação pode variar entre eventos. A dimensão, por exemplo, vai desde um resumo curto, de até 500 palavras, a um resumo mais desenvolvido, com extensão maior (o chamado "resumo expandido" pode chegar a ter cerca de duas a cinco páginas).

Tomamos um resumo acadêmico para exemplificar. Trata-se de um resumo publicado on-line no caderno de resumos do I Congresso Nacional de Letramentos, realizado de 16 a 18 de outubro de 2024, em Teresina – PI, organizado por Franklin Oliveira Silva, John Hélio Porangaba de Oliveira e Luana Ferreira dos Santos.

SEPARAÇÃO DE VOZES NA FUNDAMENTAÇÃO TEÓRICA: O ENSINO DO GÊNERO "PROJETO DE PESQUISA" EM UMA OFICINA DO LABORATÓRIO DE LETRAMENTO ACADÊMICO DA USP

Andressa Letícia Villagra Silva (USP)
Yasmin Ferreira Chinelato

Este resumo tem como objetivo apresentar os resultados acerca da separação das vozes na fundamentação teórica no ensino do gênero de texto "projeto de pesquisa" para alunos de graduação, observados durante uma oficina promovida pelo Laboratório de Letramento Acadêmico (LLAC). Especificamente, abordaremos o trabalho feito com os alunos sobre as operações de linguagem vinculadas aos mecanismos de responsabilização enunciativa, constituídos pelas diferentes vozes presentes no texto acadêmico na graduação (Bronckart, 1999). Além disso, apresentaremos o dispositivo didático elaborado para essa oficina, discutindo o papel do LLAC no desenvolvimento das capacidades de linguagem dos alunos. Para desenvolver as atividades, apoiamo-nos nos conceitos do Interacionismo Sociodiscursivo (ISD) (Bronckart, 1999; Schneuwly; Dolz, 2004), que tem como base os escritos de Vigotski (1997). Além das noções propostas pelo ISD, também nos baseamos sobre outros autores que investigam a questão da inserção de vozes, como Maingueneau (2008) e Authier-Revuz (1990).

> Nesta apresentação, analisaremos o material didático proposto e a interação com os alunos durante a oficina promovida pelo Laboratório de Letramento Acadêmico, que visava ao ensino da produção do gênero "projeto de pesquisa", pensando especificamente na Iniciação Científica. Os resultados evidenciam a compreensão inicial dos estudantes com relação à autoria e o posicionamento do enunciador, além de destacar a contribuição para o desenvolvimento do letramento acadêmico na graduação.
>
> **PALAVRAS-CHAVE**: letramento acadêmico; laboratório de letramento acadêmico; gêneros de texto; interacionismo sociodiscursivo.

Até chegar à publicação desse texto no caderno de resumos, as autoras passaram pelo processo de submissão do resumo, que envolveu avaliação pela comissão científica, até ser aceito, apresentado e publicado como registro do evento acadêmico realizado. As regras do evento pediam o resumo em um único parágrafo de 150 a 250 palavras. Devia seguir a estrutura: introdução, objetivo, metodologia e, se houvesse, resultados e conclusões. Também pedia 3 a 5 palavras-chave.

Imagine agora que você vai apresentar a pesquisa que desenvolveu no capítulo "Planejando e fazendo uma pesquisa" em um evento científico. É hora de preparar o seu resumo para o congresso.

■ ATIVIDADE 13: Produzindo um resumo acadêmico para congresso

Sua tarefa é produzir um resumo para congresso. Como visto, esse é um dos formatos submetidos para a avaliação das comissões científicas dos eventos, a fim de termos nossos trabalhos aprovados para apresentação.

Neste momento, seu relatório de pesquisa e seu artigo já estão prontos, contendo dados analisados e conclusões que podem ser compartilhadas com outras pessoas interessadas no tema. É hora de submeter o seu trabalho para apresentação em um evento científico, para compartilhar suas descobertas com outros pesquisadores interessados no assunto.

DIVULGANDO A PESQUISA

Tendo em vista uma certa variedade de regras de submissão, nesta atividade você deve elaborar o seu resumo conforme as orientações para elaboração de resumos adaptadas da Reunião Anual da Sociedade Brasileira para o Progresso da Ciência, indicadas a seguir.

1. Título
   Indique o título do trabalho; pode ser o mesmo que você já propôs para as atividades anteriores.

2. Autores
   Após o título, indique o nome e sobrenome completo de todos os autores do trabalho. Depois, identifique o nível de formação (graduando em..., mestrando em... etc.) e as instituições de cada autor.

3. Corpo do texto
   O resumo deve descrever uma visão geral sobre o tema da pesquisa, com a definição do objeto de estudo, da problematização, dos objetivos do trabalho e da relevância da pesquisa; deve descrever como o trabalho foi realizado (procedimentos, estratégias, participantes, documentos, equipamentos, ambientes etc.); apresentar e discutir os resultados obtidos; descrever a conclusão com base nos resultados, relacionando-os aos objetivos da pesquisa. Deve trazer, portanto, tema, objeto, problema, objetivos, justificativa, metodologia, resultados e conclusões. Hipótese e fundamentação teórica podem também ser incluídas. Ao final do resumo, escreva 'Palavras-chave:' e informe logo em seguida de três a cinco palavras-chave, separadas por ponto e vírgula. E não se esqueça de listar as referências completas dos textos citados no resumo, de acordo com as normas de formatação da ABNT, ao final, na seção de Referências.
   Seu resumo deve ter entre 350 e 500 palavras.

Critérios de apreciação

Para a realização adequada da Atividade 13, é importante que você:

- Produza um resumo do seu trabalho que contenha as informações mais relevantes da sua pesquisa sobre hábitos de leitura e de escrita, especialmente tema, objeto, problema, objetivos, justificativa, metodologia, resultados e conclusões.
- Defina um título para seu resumo.
- Indique a autoria do seu resumo.
- Cite devidamente os trabalhos relevantes e apresente a referência completa deles ao final do resumo, na seção de Referências, conforme as normas da ABNT.
- Siga as regras de elaboração de resumos para submissão indicadas na atividade.
- Revise seu texto com atenção, verificando se ele está completo, claro e coerente.

Dica importante: cada evento científico tem suas próprias regras, que devem ser cuidadosamente consultadas e atendidas no momento da submissão. Por isso, antes de submeter o seu trabalho a um evento, observe sempre com bastante atenção informações presentes no site e em suas chamadas, para produzir um resumo de acordo com as normas e ter seu trabalho aceito para apresentação.

Apresentação oral em eventos acadêmicos

Depois que você escreveu o resumo da sua pesquisa, submeteu para a avaliação da comissão científica do evento e teve seu trabalho aprovado, é hora de preparar sua apresentação. As formas de apresentação variam de acordo com cada evento, podendo ser pôster (uma apresentação gráfica, em um cartaz ou banner, que resume os pontos principais da pesquisa), apresentação oral (presencial ou on-line), ou outros formatos que tem se tornado mais comuns, como o vídeo *pitch* (um vídeo curto que resume os resultados da pesquisa em alguns minutos). Assim, quando você for participar de algum evento científico, não deixe de observar com atenção qual é a forma de apresentação solicitada e quais são as orientações para os apresentadores.

A forma mais comum e mais exigida nos diferentes tipos de eventos é a apresentação oral, seja presencial, no local onde o evento está sendo realizado, ou on-line, de forma síncrona. Uma vez que o trabalho é aceito para apresentação, os autores devem comparecer ao evento no local e no horário previamente marcados e apresentar oralmente seu trabalho, de acordo com o tempo disponibilizado para isso. Em geral, as apresentações orais costumam ter entre 10 e 20 minutos, sendo seguidas por um período de tempo em que os participantes podem fazer perguntas para os apresentadores.

Na próxima atividade, você vai colocar em prática o que aprendemos nesta seção.

■ ATIVIDADE 14: Apresentando a pesquisa

Nesta atividade, você vai produzir uma apresentação oral da sua pesquisa. Uma boa forma de conduzir a apresentação de um trabalho acadêmico é através da utilização de recursos visuais. Dessa forma, você também vai preparar uma série de slides para acompanhar sua apresentação oral.

Imagine que você vai apresentar a sua pesquisa em um congresso importante, como a Reunião Anual da Sociedade Brasileira para o Progresso da Ciência. Prepare uma apresentação oral que tenha de 15 a 20 minutos. Comece fazendo os slides em um editor de apresentações. Os slides, e consequentemente o conteúdo da sua apresentação, devem contemplar os seguintes tópicos:

- Introdução do tema, apresentação do objeto de estudo;
- Problematização, objetivos e justificativa (de forma breve);
- Fundamentação teórica (também de forma breve);
- Metodologia;
- Resultados e conclusões (foco da apresentação, deve tomar a maior parte do tempo);
- Referências bibliográficas (não apresentar na fala, apenas mostrar um slide com referências dos trabalhos citados na apresentação).

Atente-se aos resultados e conclusões, pois, como visto, são a parte mais importante do trabalho. Mostre suas contribuições e o que a sua pesquisa traz de inovador e de interessante para a área do conhecimento em que se insere. Lembre-se de fazer uma quantidade de slides adequada ao tempo de apresentação. Normalmente, cada slide corresponde a cerca de um minuto da apresentação. Faça também um slide de capa, com o título da sua pesquisa, seu nome e o nome da sua instituição.

Com os slides prontos, produza sua apresentação oral. Comece se apresentando e falando o título da sua pesquisa. Em seguida, siga para a exposição das etapas da pesquisa: introdução do tema, problematização, objetivos e justificativa, fundamentação teórica, metodologia, resultados e conclusões. Finalize com seus agradecimentos a quem te ouviu e aguarde as perguntas e os comentários da plateia (caso a sua apresentação seja feita em sala, serão seus colegas e seu professor).

Na produção dos slides, observe também o layout escolhido, que deve permitir boa leitura pelo público. Para isso, use fontes em tamanho maior e com bom contraste entre as letras e o fundo.

Critérios de apreciação

Para a realização adequada da Atividade 14, espera-se que você:

- Produza uma quantidade adequada de slides, que acompanhem a sua apresentação oral e contemplem as partes da pesquisa:

- Capa: título do trabalho, informações de autoria;
- Introdução do tema, apresentação do objeto de estudo;
- Problematização, objetivos e justificativa (de forma breve);
- Fundamentação teórica (também de forma breve);
- Metodologia;
- Resultados e conclusões (foco da apresentação, deve tomar a maior parte do tempo);
- Referências bibliográficas (não apresentar cada uma, apenas colocar um slide com referências dos trabalhos citados na apresentação).

- Produza uma apresentação oral organizada, dentro do tempo previsto e que contemple as partes da pesquisa indicadas nos slides:
  - Apresentação inicial: título da pesquisa e apresentação do autor.
  - Apresentação das partes da pesquisa.
  - Finalize com seus agradecimentos e aguarde as perguntas e os comentários da plateia.
- Destaque os resultados e as conclusões da pesquisa na sua apresentação oral. Mostre suas contribuições e o que a sua pesquisa traz de inovador e de interessante para a área do conhecimento em que se insere.

DIVULGAÇÃO CIENTÍFICA

Todas as formas de divulgação e apresentação dos resultados de pesquisa que vimos até agora se voltam ao público acadêmico, a um grupo de cientistas de uma mesma área de estudos. Porém, é importante também que novos conhecimentos gerados a partir da pesquisa científica extrapolem os muros da universidade e cheguem até um público mais amplo. É para isso que servem os textos de divulgação da ciência, que circulam no domínio jornalístico, em geral escritos por jornalistas e cientistas e publicados em jornais, sites, revistas comerciais e redes sociais.

Os divulgadores da ciência "traduzem" a pesquisa realizada numa linguagem mais adequada a um público que não é especialista no assunto, trazendo os resultados e conclusões obtidos de forma resumida e atrativa, contextualizando o que é encontrado nos documentos científicos técnicos (geralmente artigos científicos).

Diferentemente de um relatório de pesquisa ou de um artigo científico, o texto de divulgação científica não usa muitos termos técnicos, não se preocupa com explicitação teórica minuciosa e não precisa ter seções ou capítulos que refletem a estrutura da pesquisa, como Introdução, Fundamentação teórica, Metodologia, Resultados etc. O formato é mais flexível, tendo em vista atender a um público mais amplo, não necessariamente acadêmico. A partir de estudo de Marín e Catanzaro (2018) sobre o jornalismo científico, sistematizamos alguns critérios que podem orientar o texto de divulgação científica:

Legibilidade: texto claro, correto, preciso, detalhado, compreensível, atraente, com uso moderado de linguagem técnica.

Criatividade: uso de recursos de linguagem que despertam o interesse e curiosidade do leitor. Um recurso interessante é a apresentação de imagens, quadros, tabelas e gráficos com legendas, além de destaques de trechos importantes do texto.

Confiabilidade: argumentos lógicos, apresentação de dados consistentes, descrição e interpretação dos dados de forma clara, além de outros recursos que garantam efeitos de veracidade, domínio do tema e confiança sobre o que é dito.

Prioridade: não apresenta um acúmulo de informações, mas prioriza os dados importantes e descreve com precisão em que consiste a relevância/novidade deles.

Conexão com a sociedade: não se restringe exclusivamente ao âmbito científico, mas leva em consideração as dimensões sociais e culturais do público-alvo.

DIVULGANDO A PESQUISA

Dimensão: o texto de divulgação científica costuma ser mais curto, aos moldes de uma publicação jornalística.

Textos de divulgação científica podem ser encontrados em diversos veículos, como em páginas de revistas e jornais. Um exemplo é a *Ciência Hoje*, de onde recuperamos o texto a seguir:

VOCÊ JÁ LEU UM LIVRO INTEIRO?

Alguém já perguntou se você gosta de ler? Já insistiram para você ler um livro inteiro? Já lhe disseram que ler é importante ou que faz bem por algum motivo? Será que é verdade? O que você acha? Cientistas, muitas vezes, começam suas pesquisas com uma ideia sobre algo que "acham" que vão descobrir. Com relação à leitura, o que você acha que a ciência já descobriu?

Quando cientistas iniciam uma pesquisa, começam uma investigação sobre algo que "acham" que vão descobrir – isso se chama hipótese. E muitos estudos são necessários para que uma hipótese seja comprovada ou abandonada. Há muito tempo as pessoas acham que ler é importante, que as pessoas que leem conhecem mais palavras, sabem mais coisas e pensam de um jeito diferente das pessoas que não leem. Será?

Esses "achismos" em relação aos efeitos da leitura se tornaram hipóteses de pesquisa. E o que os cientistas fizeram? Elaboraram testes e experimentos para medir o número de palavras que as pessoas conhecem, o tempo que elas necessitam para ler um conjunto de palavras, e a capacidade de compreender um texto e de captar ideias que não estão no texto, mas são sugeridas por meio, digamos, de um jogo de palavras – por exemplo: "O cachorrinho virou uma estrela", que é uma forma mais suave de se dizer que o animal morreu.

Comprovações!

As pesquisas puderam comprovar que quanto mais as pessoas leem, mais elas desenvolvem a memória de palavras. Por quê? Porque, além das palavras que usam nas conversas do dia a dia, elas armazenam na memória as palavras que encontram nos livros.

Outra descoberta importante é que as palavras não ficam misturadas no cérebro, elas se organizam em redes semânticas, ou seja, em redes de significados. Além disso, se ligam a outras memórias – por exemplo: em que situações tal palavra é usada? Quais palavras costumam acompanhá-la? Se trocar essa palavra por outra parecida, será que o significado da frase ou do texto continua o mesmo?

Até o final do século 20, boa parte das pesquisas sobre os efeitos da leitura na forma como as pessoas pensam era baseada em evidências comportamentais. Isso quer dizer que os cientistas observavam o comportamento das pessoas em diferentes tarefas e comparavam pessoas que não sabiam ler, pessoas que haviam aprendido a ler depois de adultas, pessoas que liam pouco, que liam em mais de uma língua, que só liam anúncios e textos curtos, pessoas que liam livros...

Perto da virada do século 20 para o 21, aconteceu uma revolução tecnológica nos estudos sobre o cérebro humano, porque os pesquisadores começaram a olhar o cérebro por dentro, graças às imagens obtidas por ressonância magnética funcional. Parece complicado, mas não é!

Imagens reveladoras

Esse tipo de pesquisa que usa exames de imagem por ressonância considera que, quando o nosso corpo precisa de mais energia, ele consome mais oxigênio. Como quem carrega o oxigênio dentro do corpo é o sangue, logo... onde o cérebro está mais ativo há mais sangue, porque há mais consumo de oxigênio. Assim, as imagens da ressonância mostraram diferenças no fluxo sanguíneo do cérebro entre pessoas que leem e pessoas que não leem, ou leem pouco.

As pessoas que leem muito, por exemplo, parecem ouvir a linguagem com os olhos. Opa! Como é isso? Na verdade, quando lemos, nossos olhos captam as informações visuais, e um conjunto de neurônios – as células do cérebro, que estão sempre conectadas umas às outras – levam essas informações até a parte de trás do cérebro, onde tudo o que vemos é processado. Rapidamente, os neurônios separam o que é para ser lido e outras coisas que vemos (objetos, rostos etc.). O que é para ser lido é direcionado para uma região mais à esquerda da parte de trás do cérebro, que se conecta diretamente com as regiões responsáveis pelo processamento da linguagem. Então, numa fração de segundo, aquilo que foi lido ativa memórias e produz pensamentos. E tudo isso pode ser demonstrado nos exames de imagem.

Com esses mesmos exames foi comprovado também que as pessoas que não aprenderam a ler olham para as letras como se olhassem para riscos sem significado, por isso não ativam as regiões da linguagem e não produzem pensamentos associados ao texto.

DIVULGANDO A PESQUISA

Trocando em miúdos

A leitura e a escrita são tecnologias inventadas há cerca de 5 mil anos, e transformaram a forma como nós, humanos, guardamos e processamos informações dentro de nossos cérebros. Com o passar do tempo, o armazenamento de muitas informações foi sendo passado para livros e, mais recentemente, também para computadores, celulares e outros dispositivos eletrônicos.

Quando lemos, seja um livro de papel, uma revista ou textos em qualquer dispositivo, é como se turbinássemos o nosso cérebro, fazendo uma espécie de atualização constante das nossas capacidades de memória e raciocínio.

E para você que leu este texto até aqui, voltamos a perguntar: qual a sua opinião sobre a leitura? Ela é mesmo importante? Faz bem? Por quê? Ah! Já leu um livro inteiro?

Rosângela Gabriel
Programa de Pós-graduação em Letras
Universidade de Santa Cruz do Sul
Conselho Nacional de Desenvolvimento Científico e Tecnológico
Fundação de Amparo à Pesquisa do Estado do Rio Grande do Sul

In: GABRIEL, R. Você já leu um livro inteiro?. *Ciência Hoje das Crianças*, n. 358. Disponível em: https://chc.org.br/artigo/voce-ja-leu-um-livro-inteiro/. Acesso em: 11 nov. 2024.

Repare que esse texto apresenta o assunto como uma conversa com o leitor. Para isso, usa diferentes recursos. Um deles são as perguntas. Com elas, é estabelecido um diálogo entre o autor e o leitor, e a curiosidade desse é estimulada. É usada uma linguagem mais próxima da cotidiana, simples, evitando o uso de termos técnicos. Além disso, existe a preocupação em tratar do tema com exemplos de situações familiares.

■ **ATIVIDADE 15:** Produzindo um texto de divulgação científica

Seu desafio agora será produzir um texto de divulgação científica sobre os resultados da pesquisa realizada. Você vai usar todo seu percurso de pesquisa para essa produção: você fez um projeto de pesquisa, uma resenha e uma análise de dados. O texto de divulgação científica deve ser a síntese dos resultados obtidos nesse exercício de pesquisa, voltada agora ao público não especialista, ou seja, o texto será lido por pessoas de várias áreas de interesse, não apenas por pessoas da sua área, e também por não acadêmicos.

Para contextualizar essa produção, tenha em vista que seu texto seria publicado em um boletim semanal de divulgação científica de sua universidade ou de outras instituições, onde várias pesquisas são divulgadas.

O que dizer sobre sua pesquisa no texto de divulgação?

Faça uma breve introdução apresentando o tema da sua pesquisa. Capriche na introdução, pois é aí que o leitor decidirá se tem interesse em continuar ou não a ler o texto. Mostre um dado impactante da sua pesquisa, que desperte a curiosidade. Uma boa estratégia para isso é fazer perguntas.

Apresente os procedimentos metodológicos da sua pesquisa: qual o tipo de pesquisa? Quem são os participantes investigados? Que passos seguiu para alcançar seus objetivos? Veja se até aqui você apresentou respostas para estas questões: quem? Onde? O quê? Como? Quando? Por quê?

Mostre que domina o tema! Cite algumas pesquisas já feitas e algumas informações importantes que você levantou nas leituras teóricas. Tome cuidado para fazer isso de forma leve, tendo em vista que o gênero é destinado à comunidade em geral. Para as referências que tiverem links, basta inserir hiperlink no próprio texto, já que não é comum ter seção de referências no gênero do texto de divulgação científica. Se não for uma referência com link, acrescente a referência completa ao final do texto.

Apresente os principais resultados da sua pesquisa. Mostre os gráficos mais importantes para comprovar os dados apresentados. Tenha em mente que eles não são somente ilustrativos, mas parte importante do seu texto. Por isso, precisam estar bem articulados na estrutura textual. Preocupe-se em fazer com que os dados sejam expostos de forma clara e organizada para o leitor, ou seja, apresente didaticamente esses dados, com poucas informações de cada vez. É melhor apresentar mais gráficos com pouca informação em cada um deles do que um gráfico só com muitas informações que podem confundir o seu leitor. Se você apresentar gráficos no texto, sugerimos que acrescente um título acima de cada um, que servirá como legenda. Se eles são de sua autoria, não é necessário inserir fonte. Apenas faça isso se usar gráficos, tabelas, quadros ou figuras de outros autores.

Feche o texto com alguma perspectiva futura sobre o tema, com um questionamento ou informação útil. Procure conectar sua pesquisa à vida cotidiana dos leitores do seu texto.

Para esta atividade, solicitamos um texto de até cinco páginas. Seja criativo na edição, formatação e diagramação do seu texto; o texto de divulgação científica não segue regras formais rígidas e precisa ser mais bonito, interessante e chamativo que o texto acadêmico. Use imagens ilustrativas, tomando o devido cuidado com os direitos autorais. Procure utilizar imagens com licenças livres e gratuitas, indicando de onde foram tiradas.

Por fim, lembre-se de escolher um título interessante para o seu texto, que seja coerente com o que foi escrito. Você pode criar um título auxiliar, que funciona como um complemento do principal, acrescentando-lhe algumas informações, de modo a torná-lo ainda mais atrativo.

Critérios de apreciação

Para a realização adequada da Atividade 15, espera-se que você:

- Produza um texto de divulgação científica a partir da sua pesquisa sobre hábitos de leitura e de escrita, que apresente:
  - um título interessante, coerente com o conteúdo do texto;
  - uma breve introdução apresentando o tema da sua pesquisa;
  - os procedimentos metodológicos da sua pesquisa;
  - os principais resultados da pesquisa;
  - algumas citações, de forma leve e sem o rigor técnico do texto acadêmico;
  - conclusões do tema, perspectivas futuras, com um questionamento ou informação útil para o seu leitor.
- Construa um texto (de até cinco páginas) que obedeça aos princípios da divulgação científica: legibilidade, criatividade, confiabilidade, prioridade, conexão com a sociedade, dimensão.

- Observe o estilo de linguagem, para que o texto seja adequado ao seu público, interessante e informativo.
- Capriche no visual do seu texto, para que seja bonito, interessante e chamativo.
- Faça uma revisão cuidadosa da linguagem, ajustando aspectos de digitação, ortografia, gramática, construção de frases e concordância. O objetivo é aprimorar a clareza e a adequação formal do texto, de modo que o leitor se concentre exclusivamente nas informações que ele apresenta.

Releia o texto e reflita se ele é adequado a um público não acadêmico e não universitário, apresentando as principais informações da pesquisa, em conexão com questões relevantes para a sociedade.

O CURRÍCULO

Agora que você já passou por toda a trajetória de uma pesquisa acadêmica, já produziu e divulgou conhecimento, é hora de registrar suas conquistas no seu currículo. No ambiente universitário e profissional, nossas informações pessoais geralmente precisam ser organizadas de maneira formal e estruturada. Uma boa forma de fazer isso é por meio da produção de um currículo (chamado também pelo seu nome latino, *curriculum vitae*, ou pela abreviação CV). O currículo é um gênero muito conhecido dentro e fora da universidade, tendo como principal função apresentar informações pessoais e profissionais de alguém que deseja concorrer a uma vaga de emprego, de estudos, de bolsa de pesquisas, entre outras oportunidades. Na estrutura de um currículo, destacam-se informações como dados pessoais, formação escolar e universitária, idiomas e experiências e habilidades profissionais e acadêmicas. O currículo é redigido em uma linguagem formal, apresentando as informações mais relevantes de maneira bem objetiva. Veja um exemplo (com dados fictícios) a seguir.

Curriculum Vitae **Acadêmico**

Identificação
Maria Pereira da Silva

Nome em citações bibliográficas
SILVA, M. P.

País de Nacionalidade
Brasil

Perfil Acadêmico
Graduanda em Letras – habilitação em Língua Portuguesa pela Faculdade de Letras da Universidade Federal de Minas Gerais (UFMG), atualmente no sexto período do curso. Desenvolve pesquisa na modalidade de Iniciação Científica, investigando o tema Práticas de leitura e escrita na formação acadêmica: um estudo sobre hábitos e desafios entre graduandos de Letras, sob a orientação da professora Joana Carla Marques. Integra o Grupo de Pesquisa Leitura na universidade e o Projeto de Extensão Redigir, vinculados à Faculdade de Letras da UFMG. Seus interesses acadêmicos incluem hábitos de leitura e escrita, letramento, ensino de língua portuguesa e formação de leitores.

Formação acadêmica/titulação
2023 Graduação em Letras (em andamento)
    Universidade Federal de Minas Gerais, UFMG, Brasil.
2020-2022: Ensino Médio (2º grau).
 Colégio Estadual Central de Belo Horizonte, Brasil.

Formação complementar
Produção de Material Didático para a Educação a Distância (30h) – Universidade Federal de Minas Gerais (UFMG), 2022.
Oficina: Escrita Acadêmica (15h) – Universidade Federal de Minas Gerais (UFMG), 2022.
Pode falar de gênero na escola? (32h) – Universidade Federal do Rio de Janeiro (UFRJ), 2022.
Estilos de Aprendizagem (30h) – Escola Virtual.Gov (EV.G), 2022.

Atuação profissional
Universidade Federal de Minas Gerais - UFMG
2024 - Atual: Vínculo: Bolsista de iniciação científica
2024 - Atual: Vínculo: Voluntária no projeto de extensão

Projeto de pesquisa
Universidade Federal de Minas Gerais - UFMG
2024 - Atual: Práticas de leitura e escrita na formação acadêmica

Projeto de extensão
Universidade Federal de Minas Gerais - UFMG
2024 - Atual: Projeto de extensão Redigir

Idiomas
Inglês: Compreende bem, Fala bem, Escreve bem, Lê bem
Espanhol: Compreende bem, Fala razoavelmente, Escreve pouco, Lê bem

Produção bibliográfica
Artigos completos publicados em periódicos
SILVA, M. P. Hábitos de leitura e escrita na era digital: desafios e práticas no ensino superior. *Texto Livre*, Belo Horizonte-MG, v. 18, p. e00000, 2024. DOI: 10.1590/1983-3652.2024.00000.

Resumos publicados em anais de congressos
SILVA, M. P. Leitura e escrita na formação acadêmica: práticas e desafios no cenário digital. In: Jornada pela ciência e educação – Reunião anual da Sociedade Brasileira para o Progresso da Ciência (SBPC), 2024, Recife. *Caderno de resumos*. Recife: SBPC, 2024.

Outras produções bibliográficas
SILVA, M. P. Tecnologias digitais e novos hábitos de leitura: como a era digital transforma a forma de interagir com textos. *SciELO em Perspectiva*, São Paulo, 2023. (Press release SciELO).

Apresentações de Trabalho
SILVA, M. P. Leitura e escrita na formação acadêmica: práticas e desafios no cenário digital. In: Jornada pela ciência e educação – Reunião anual da Sociedade Brasileira para o Progresso da Ciência (SBPC), 2024, Recife. (Apresentação de trabalho/Congresso).

No Brasil, a Plataforma Lattes foi desenvolvida como um sistema digital e on-line específico para a apresentação de currículos acadêmicos. A seguir, apresentaremos suas principais características.

O currículo Lattes

A Plataforma Lattes, que leva o nome do grande físico brasileiro César Lattes, foi lançada em 1999 e padronizou tanto o conteúdo quanto a organização dos currículos acadêmicos no Brasil. Ela é uma base de dados on-line que reúne todas as informações acadêmicas relevantes dos estudantes e pesquisadores brasileiros, como cursos e formação, iniciação científica, publicações, participações em eventos, projetos de pesquisa, cursos extracurriculares, entre muitas outras informações. Essa base de currículos foi criada e é mantida pelo Conselho Nacional de Desenvolvimento Científico e Tecnológico (CNPq), agência do Ministério da Ciência, Tecnologia e Inovação (MCTI), sendo utilizada por todas as universidades e por todas as agências de fomento do país. Ter o currículo Lattes é pré-requisito para participar de diversos processos seletivos e também para a entrada na pós-graduação.

Para saber mais sobre o Lattes, acesse o site da Plataforma no link lattes.cnpq.br. Clique na opção "buscar currículo" e coloque no campo de pesquisa o nome completo de um professor ou pesquisador que você conhece. Observe bem os itens colocados no currículo, quais informações são inseridas e em que locais cada uma aparece. Você também pode conhecer um pouco da história da Plataforma Lattes na página "sobre a Plataforma", no mesmo site.

Outras plataformas de currículo

Além do Lattes, outro registro que tem sido amplamente exigido no âmbito acadêmico, tanto no Brasil quanto internacionalmente, é o ORCiD (Open Researcher and Contributor ID). O número de registro do pesquisador no ORCiD pode ser solicitado por alguns tipos de periódicos científicos no momento da submissão de artigos para publicação.

O ORCiD é um identificador digital único, gratuito, que distingue um acadêmico/pesquisador de outro, mesmo que eles tenham o mesmo nome e sobrenome. Por isso, o ORCiD é um importante mecanismo de registro de autoria em publicações. Para fazer o seu cadastro na plataforma, basta entrar no site orcid.org, acessar a opção "register/registrar" e seguir o passo a passo, inserindo as informações requeridas. Você também pode associar sua conta do ORCiD à sua conta institucional da universidade e mesmo ao seu Lattes. Dessa forma, você pode logar no ORCiD usando as mesmas credenciais de login e senha que você usa para acesso às plataformas institucionais da sua universidade. A plataforma do ORCiD tem uma versão em português, que é bastante acessível.

Também é comum o uso do Google Acadêmico para registro de publicações. O Google Acadêmico gera uma métrica importante, o número de citações de textos dos pesquisadores. Esse registro de citações não é cobrado dos pesquisadores. Mas à medida que suas publicações começam a ser citadas, esses acessos e citações podem, inclusive, ser registrados no Lattes. Você pode criar o seu perfil no Google Acadêmico através do link scholar.google.com.br usando uma conta do Google. Porém, você precisará comprovar sua vinculação acadêmica através da verificação de acesso pelo seu e-mail institucional.

Atualmente, é fundamental que todos os estudantes universitários, professores e pesquisadores no Brasil mantenham seus currículos cadastrados na Plataforma Lattes, considerando que esse registro é exigido por diversas instâncias acadêmicas.

Então, agora é a sua vez de elaborar o seu currículo. Na Atividade 16, você deverá cadastrar seu próprio currículo na Plataforma Lattes. Caso você já tenha o currículo cadastrado na Plataforma, siga diretamente para o tópico "Para quem já tem o Lattes" ao final da Atividade 16.

■ ATIVIDADE 16: Elaborando o seu próprio currículo

Ao acessar o site da Plataforma Lattes e clicar em "cadastrar novo currículo", você criará o seu próprio currículo Lattes. Em caso de dúvidas sobre onde colocar uma informação, há muitos materiais no próprio site que podem te orientar.

Registre lá tudo o que você considerar relevante sobre sua trajetória acadêmica, pensando em quem vai analisar seu currículo futuramente. É importante que você foque no seu histórico e nas habilidades que têm relevância para a vida acadêmica (informações não relacionadas podem desvalorizar o seu currículo). Quando estamos na graduação, é comum termos poucas atividades para incluir no Lattes, mas isso não deve ser motivo de desânimo nem razão para não tê-lo! Você pode e deve continuar preenchendo o seu currículo com seus dados ao longo da sua trajetória. O Lattes é frequentemente visto como o "cartão de visitas" do pesquisador, sendo um documento importante no qual você apresenta seu perfil pessoal, profissional e acadêmico. Por isso, cuide dele com carinho e não deixe de atualizá-lo sempre, pensando em quem irá consultá-lo para te avaliar e para julgar seus projetos.

Dicas importantes: o resumo do seu currículo, que faz um apanhado geral do seu perfil acadêmico, será gerado automaticamente pela Plataforma Lattes. Personalize esse resumo! Para se inspirar, busque o Lattes de um pesquisador importante na sua área e observe como o texto de apresentação dele foi organizado. No currículo fictício que criamos aqui, apresentado no início desta seção, você também encontra um exemplo de resumo do perfil acadêmico, devidamente personalizado. Inclua também no seu Lattes uma foto bacana que mostre seu rosto e represente você como um membro da comunidade acadêmica.

Quando finalizar seu cadastro, aguarde 24h para que o CNPq atualize as informações postadas. Depois desse período, seu currículo estará disponível para acesso através de um link único, que fica logo abaixo do seu nome no Lattes, no início da página. Esse link é formado pelo endereço http://lattes.cnpq.br/ seguido de 16 números.

Durante o cadastro do seu currículo na Plataforma Lattes, podem ocorrer alguns erros comuns. Alguns problemas surgem devido a conflitos de nomes na Receita Federal (especialmente o nome da mãe, caso haja alguma diferença entre o nome cadastrado na Receita e o informado no cadastro do currículo). Se isso acontecer com você, entre em contato com o CNPq pela central de atendimento disponível no próprio site. Resolva qualquer pendência com cadastro para não ficar sem o seu currículo Lattes. Você vai precisar dele ao longo de sua trajetória na universidade.

Dica importante: A plataforma Lattes não permite arquivar os documentos que comprovam as atividades acadêmicas em que você declarou ter participado. Por isso, é importante guardar declarações, certificados, diplomas e outros documentos em locais confiáveis. Para proteger seus arquivos, use *drives* na nuvem ou outros espaços seguros, reduzindo o risco de perda. No caso dos documentos físicos, sugerimos que sejam guardados em locais apropriados e também digitalizados e armazenados virtualmente. Lembre-se de manter seus comprovantes organizados e em segurança, pois poderão ser necessários para comprovar todas as informações que você inserir no Lattes.

Para quem já tem Lattes:

Se você já tem um currículo Lattes, é hora de trabalhar na revisão e atualização. Aproveite para dar um belo *upgrade* nele! Atualize seu currículo, organize as informações e faça um bom texto de apresentação. Seu Lattes contém todas as informações relevantes sobre a sua vida acadêmica? Está atualizado? Tem uma boa foto? Lembre-se de que este é um ambiente profissional, portanto, sua foto precisa transparecer sua seriedade e compromisso com sua área de atuação. E o seu texto de apresentação, está bem-feito e personalizado? Pense nisso tudo e atualize seu currículo.

Critérios de apreciação

Para o cumprimento da Atividade 16, espera-se que você:

- Cadastre ou atualize (se já tiver um) o seu currículo na Plataforma Lattes.
- Produza um texto de apresentação personalizado, que destaque seu perfil acadêmico e profissional.

- Coloque uma boa foto no seu currículo, que reflita adequadamente seu perfil acadêmico e profissional.
- Preencha os campos necessários com suas informações pessoais, profissionais e acadêmicas, incluindo todas as atividades relevantes de sua trajetória.

Neste capítulo, você aprendeu a apresentar resultados de pesquisas em artigos, eventos acadêmicos e outros veículos de divulgação científica, como revistas e jornais. Outros gêneros mais recentes têm sido apropriados no meio acadêmico, como *press releases* para apresentar trabalhos recentemente publicados em artigos ou livros, por exemplo, e os já citados vídeos *pitch*, pedidos por universidades e agências de fomento para divulgar os resultados de uma pesquisa à sociedade. Todas essas iniciativas têm em comum o movimento de compartilhar o que é feito por pesquisadores à comunidade, mais ou menos especializada no assunto. Certamente, você vai encontrar alguns desses gêneros em sua vida acadêmica e poderá também participar dessa rede de conhecimentos. Por fim, você viu também como registrar suas informações acadêmicas no seu currículo cadastrado na Plataforma Lattes.

AGORA É COM VOCÊ

Se você chegou até aqui, aprendeu sobre gêneros, práticas e estratégias importantes para seu letramento acadêmico, e poderá aprender ainda mais nas várias oportunidades que terá no seu percurso na universidade.

Procuramos mostrar a você os principais aspectos da produção textual acadêmica. Sabemos que há especificidades de cada área de estudo e que fazer pesquisa é algo muito mais complexo do que pode parecer pela leitura deste material. Questões metodológicas, por exemplo, precisam ser aprofundadas e devem responder às necessidades e particularidades de cada pesquisa, de cada objeto e de cada objetivo das investigações. Por isso, agora cabe a você conhecer melhor as pesquisas feitas na sua área, conhecer os pesquisadores, as metodologias e os resultados já encontrados. A partir disso, você vai formular as suas próprias perguntas, desenvolver seus projetos e contribuir para esse universo incrível da ciência.

Esperamos que este material seja um estímulo e um caminho na direção da formação de jovens pesquisadores que serão, em breve, os cientistas profissionais que farão pesquisas de ponta com competência e ética no nosso país. Esperamos que você faça parte desse grupo de pessoas.

Agora é com você!

Bibliografia comentada

BRASILEIRO, A. M. *Como produzir textos acadêmicos e científicos*. São Paulo: Contexto, 2022.

Ada Magaly Matias Brasileiro apresenta, no livro *Como produzir textos acadêmicos e científicos*, os principais gêneros acadêmicos – como artigos, resenhas, ensaios, dissertações, teses entre outros – e suas respectivas características. A autora explora os aspectos estruturais e linguísticos desses gêneros, oferecendo explicações que ajudam o leitor a compreender as normas e o estilo acadêmico. Além disso, traz orientações sobre formatação e construção de argumentos. O livro foi pensado para atender às demandas de diferentes públicos dentro da academia, sendo útil tanto para iniciantes quanto para pesquisadores mais experientes que desejam aprimorar a clareza e a formalidade de seus textos.

CORRÊA, H. T. *Oficina de letramento acadêmico*. São Paulo: Pimenta Cultural, 2023. Disponível em: https://www.pimentacultural.com/wp-content/uploads/2024/04/eBook_oficina-letramento.pdf. Acesso em: 11 nov. 2024.

Hércules Tolêdo Corrêa divide a obra *Oficina de letramento acadêmico* em duas seções: uma sobre leitura e outra sobre escrita. Na primeira, mostra estratégias de leitura de textos acadêmicos, da leitura inspecional para a leitura linear, com alguns "exercícios de treinamento". O leitor é orientado a ler exemplos de fichamentos e resenhas e em seguida fazer exercícios de compreensão. Na segunda parte, o autor apresenta exercícios de correção e (re)escrita de textos acadêmicos, incluindo o planejamento do artigo acadêmico. O livro foi elaborado no contexto de um curso de pós-graduação, mas tem exercícios que podem ajudar também alunos de graduação.

CRUZ, R. *Bloqueio da escrita acadêmica*: caminhos para escrever com conforto e sentido. Belo Horizonte: Artesã, 2020.

Robson Cruz investiga a saúde mental no contexto acadêmico. Seu trabalho se volta à escrita acadêmica e ao sofrimento gerado por ela. No livro, *Bloqueio da escrita acadêmica: caminhos para escrever com conforto e sentido*, o autor aborda tanto as causas do bloqueio de escrita acadêmica como as formas de superá-los. Ainda, mostra que o bloqueio na escrita é o resultado de uma série de fatores, consequências do arranjo social da vida acadêmica, e propõe formas práticas e estratégias para escrever na universidade sem sofrimento.

DIAS, J. F. *Leitura e produção de textos*. São Paulo: Contexto, 2023.

O livro *Leitura e produção de textos*, também extrapolando o âmbito acadêmico, percorre uma trajetória de escrita a partir de uma metodologia centrada na escrita criativa. A autora, Juliana de Freitas Dias, propõe um modelo de trabalho de leitura e produção de textos (na universidade e para além dela) muito enriquecedor, focado na criatividade, no estilo próprio e na autoria. Em tempos de inteligência artificial, o desenvolvimento da autoria, do estilo próprio e da criatividade no texto, mesmo no domínio acadêmico, são fundamentais. O livro faz parte da coleção "Linguagem na Universidade", da editora Contexto. É, então, bastante didático, dialoga com o leitor e traz muitas atividades práticas interessantes.

FERRAREZI JUNIOR, C. *Guia do trabalho científico*: do projeto à redação final – monografia, dissertação e tese. São Paulo: Contexto, 2011

No *Guia do trabalho científico*, de Celso Ferrarezi Junior, o leitor encontra um detalhamento das partes do texto acadêmico (com maior foco no projeto de pesquisa), muitos exemplos concretos e reais e também uma listagem das normas de formatação mais importantes. O ponto alto desta obra são os exemplos, o que é às vezes raro de se encontrar em manuais de escrita acadêmica. O livro traz a explicação de cada parte do gênero acadêmico em questão (como Introdução, Metodologia, Referencial Teórico, por exemplo) e depois apresenta vários textos reais de diferentes áreas do conhecimento, que ilustram essas partes e como estruturá-las.

HISSA, C. E. V. *Entrenotas*: compreensões de pesquisa. Belo Horizonte: Editora UFMG, 2013.

O livro *Entrenotas*, de Cássio E. Viana Hissa, explora a pesquisa acadêmica e a produção textual que a acompanha, mas vai muito além de um manual de pesquisa científica ou de redação acadêmica. É um texto reflexivo e crítico que faz o leitor pensar sobre o seu contexto de atuação e agir sobre ele. O livro aborda o fazer científico em sua complexidade de forma crítica, em um conjunto de ensaios que refletem sobre as diferentes etapas desse processo, desde a concepção de pesquisa e de ciência, com foco nas ciências humanas, passando por questões como metodologia, trabalho de campo, produção do projeto de pesquisa, revisão de literatura, até questões mais profundas como a autoria e o conhecimento gerado por um trabalho científico.

MAFRA, J. J. *Ler e tomar notas*: primeiros passos da pesquisa bibliográfica. 4. ed. rev. Belo Horizonte: Editora PUC Minas, 2018.

Em *Ler e tomar notas*, de Johnny José Mafra, o leitor tem acesso a explicações e exemplos do que o autor chama de trabalhos de síntese (monografias, dissertações, artigo de revisão, resumo de texto lido, sinopse e resenha) e trabalhos originais (tese, relatórios e artigos científicos), além de orientações sobre a produção de projeto de pesquisa, citações, notas de rodapé e referências. Uma grande contribuição da obra é o capítulo homônimo ao livro, que apresenta ao leitor um percurso para a leitura crítica de um texto, passando pela leitura preparatória, leitura temática e leitura interpretativa. O capítulo mostra ainda tipos de fichamento a partir das notas durante a leitura.

MOTTA-ROTH, D.; HENDGES, G. R. *Produção textual na universidade*. São Paulo: Parábola, 2010.

Produção textual na universidade é um guia para a produção do artigo científico, iniciando da contextualização do gênero e de uma discussão sobre a importância da publicação no meio acadêmico, passando por todas as etapas e partes do artigo. O livro também aborda o projeto de pesquisa e a resenha. Traz atividades práticas de leitura, reflexão e produção dos gêneros acadêmicos trabalhados. As autoras, Désirée Motta-Roth e Graciela Rabuske Hendges, são pesquisadoras reconhecidas no campo do letramento acadêmico e deixam neste título toda sua experiência com o trabalho de ensino-aprendizagem de gêneros acadêmicos na universidade.

BIBLIOGRAFIA COMENTADA

PINKER, S. *Guia de escrita*: como conceber um texto com clareza, precisão e elegância. Trad. Rodolfo Ilari. São Paulo: Contexto, 2016.

O *Guia de escrita*, de Steven Pinker, é um manual de redação diferente de todos os outros que estamos habituados a encontrar. Ao invés de trazer modelos prontos e ditar regras do "bem escrever", Pinker se utiliza de ideias, teorias e recursos da Linguística e das Ciências Cognitivas para destrinchar o processo de escrita e o funcionamento da linguagem. E, através desse entendimento, o leitor poderá trabalhar para construir textos escritos com "clareza, precisão e elegância", como o próprio título sugere. Apesar de não ser voltado a textos acadêmicos, mas abordar a produção escrita em prosa, traz valiosas informações que se aplicam à atividade de escrita em todas as esferas.

RIBEIRO, A. E.; COSCARELLI, C. V. *Linguística aplicada*: ensino de português. São Paulo: Contexto, 2023.

O livro *Linguística aplicada: ensino de português*, de Ana Elisa Ribeiro e Carla Viana Coscarelli, apresenta as bases do ensino de português como língua materna, o que fundamenta, por sua vez, o ensino de compreensão e produção de textos, sejam acadêmicos ou não. Neste livro, encontramos conceitos-chave para o trabalho com letramentos em todos os âmbitos, como língua, linguagem, texto, discurso, gênero, entre outros. O livro também faz parte da coleção "Linguagem na Universidade", da editora Contexto. Então, é bastante didático, dialoga com o leitor e traz muitas atividades práticas interessantes.

PAIVA, V. L. M. O. *Manual de pesquisa em estudos linguísticos*. São Paulo: Parábola, 2019.

No *Manual de pesquisa em estudos linguísticos*, Vera Menezes detalha as formas de metodologia de pesquisa utilizadas em estudos linguísticos. O livro apresenta o que é pesquisa científica, faz uma discussão sobre ética em pesquisa e apresenta de forma bastante detalhada as formas de coleta e de análise de dados, tanto quantitativa quanto qualitativa. Vera Menezes, experiente e reconhecida pesquisadora em sua área de atuação, deixa registradas no livro mais de uma centena de dicas práticas de pesquisa, muito valiosas!

Referências

ASSOCIAÇÃO BRASILEIRA DE NORMAS TÉCNICAS. NBR 6023: informação e documentação — Referências — Elaboração. 2ª ed. Rio de Janeiro. 2018.

AMERICAN PSYCHOLOGY ASSOCIATION (APA). *Publication manual of the American Psychological Association*. 7ª ed. American Psychological Association, 2020. DOI: https://doi.org/10.1037/0000165-000.

ASSOCIAÇÃO BRASILEIRA DE NORMAS TÉCNICAS. *NBR 10520*: informação e documentação: citações em documentos. 2ª ed. Rio de Janeiro. 2023.

ASSOCIAÇÃO BRASILEIRA DE NORMAS TÉCNICAS. *NBR ISO/IEC 42001*: Inteligência Artificial – Sistema de Gestão. Rio de Janeiro. 2024.

BRASIL. Lei nº 9.610 (1998), de 19 de fevereiro de 1998. Disponível em: https://www.planalto.gov.br/ccivil_03/Leis/L9610.htm. Acesso em: 30 out. 2024.

BRASIL. Decreto-Lei 2.848, de 07 de dezembro de 1940. *Código Penal*. Disponível em: https://www.planalto.gov.br/ccivil_03/decreto-lei/del2848compilado.htm. Acesso em: 30 out. 2024.

BRASILEIRO, A. M. M. *Como produzir textos acadêmicos e científicos*. São Paulo: Contexto, 2022.

COSCARELLI, C. V. A leitura em múltiplas fontes: um processo investigativo. *Ensino e Tecnologia em Revista*. UTFPR: Londrina, v. 1, n. 1, p. 67-79, jan./jun. 2017. DOI: http://dx.doi.org/10.3895/etr.v1n1.5897.

COSCARELLI, C.V.; MITRE, D. *Oficina de leitura e produção de textos* (Material do Professor). Belo Horizonte: Editora UFMG, 2007.

CRUZ, R. *Diário de um artigo inacabado*. São Paulo: Parábola, 2023.

FERRAREZI JUNIOR, C. *Guia do trabalho científico*: do projeto à redação final – monografia, dissertação e tese. São Paulo: Contexto, 2011.

FRANÇA, J. L.; VASCONSELLOS, A. C. *Manual para normalização de publicações técnico-científicas*. 10ª ed. Belo Horizonte: Editora UFMG, 2021.

GABRIEL, R. Você já leu um livro inteiro?. *Ciência Hoje das Crianças*, n. 358. Disponível em: https://chc.org.br/artigo/voce-ja-leu-um-livro-inteiro/. Acesso em: 11 nov. 2024.

GIANI DE RESENDE, R. et al. Levantamento sobre hábitos de leitura e escrita entre estudantes de engenharia. *Revista (Entre Parênteses)*, [S. l.], v. 10, n. 1, p. e021002, 2021. DOI: 10.32988/rep.v10n1.1118. Disponível em: https://publicacoes.unifal-mg.edu.br/revistas/index.php/entreparenteses/article/view/1118. Acesso em: 18 out. 2024.

GUIMARÃES, J. A. C.; HAYASHI, M. C. P. I. Revistas predatórias: um inimigo a ser combatido na comunicação científica. *RDBCI: Revista Digital de Biblioteconomia e Ciência da Informação*, Campinas, SP, v. 21, n. 00, p. e023003, 2023. DOI: 10.20396/rdbci.v21i00.8671811. Disponível em: https://periodicos.sbu.unicamp.br/ojs/index.php/rdbci/article/view/8671811. Acesso em: 8 out. 2024.

HARVARD UNIVERSITY. Initial guidelines for the use of Generative AI tools at Harvard. Disponível em: https://huit.harvard.edu/ai/guidelines. Acesso em 30 out. 2024.

INTERNATIONAL COMMITTEE OF MEDICAL JOURNAL EDITORS. *Recommendations for the Conduct, Reporting, Editing, and Publication of Scholarly Work in Medical Journals.* Vancouver: International Committee of Medical Journal Editors, 2024. Disponível em: https://www.icmje.org/icmje-recommendations.pdf. Acesso em 30 out. 2024.

KOCH, I. V.; ELIAS, V. M. *Ler e compreender:* os sentidos do texto. 3. ed. São Paulo: Contexto, 2018.

MAFRA, J. *Ler e tomar notas:* primeiros passos da pesquisa bibliográfica. 4ª ed. Belo Horizonte: Editora PUC Minas, 2018.

MATOS, F. G. O cientista como citador. *Ciência e Cultura*, v. 37, n. 12, p. 2042-2044, 1985.

MACULAN, B. C. M. S. *Manual de normalização*: padronização de documentos acadêmicos do NITEG/UFMG e do PPGCI/UFMG. 2. ed. atual. e rev. Belo Horizonte: UFMG, 2011. E-Book. ISBN 978-85-914076-0-6. Disponível em: https://normalizacao.eci.ufmg.br/. Acesso em: 08 ago. 2024.

MARÍN, E.; CATANZARO, M. PerCienTex: um olhar otimista no jornalismo científico. In: VOGT, C.; GOMES, M.; MUNIZ, R. (Orgs.). *ComCiência e divulgação científica*. Campinas: BCCL/ Unicamp, 2018. p. 51-59. Disponível em: https://www.comciencia.br/wp-content/uploads/2018/07/livrocomciencia_cb.pdf. Acesso em: 11 nov. 2024.

MÜLLER, A. A investigação da língua portuguesa: o amor à pesquisa. *Linha D'Água*, n. 22, p. 139-149, 2009. DOI: 10.11606/issn.2236-4242.v0i22p139-149. Disponível em: https://www.revistas.usp.br/linhadagua/article/view/37330. Acesso em: 08 nov. 2024.

SILVA, F. O.; OLIVEIRA, J. H. P. de ; SANTOS, L. F. dos (Orgs.). *Cadernos de resumos do I Congresso Nacional de Letramentos*. Teresina: FUESPI, 2024. Disponível em: https://editora.uespi.br/index.php/editora/catalog/view/213/198/1079-1. Acesso em 04 nov. 2024.

SOARES, M. *Alfaletrar*: toda criança pode aprender a ler e a escrever. São Paulo: Contexto, 2021.

UNIVERSIDADE FEDERAL DE MINAS GERAIS. BIBLIOTECA UNIVERSITÁRIA. *Diretrizes para normalização de trabalhos acadêmicos da UFMG*: trabalhos de conclusão de curso, monografias de especialização, dissertações e teses. 2ª ed. Belo Horizonte: Biblioteca Universitária - Sistema de Bibliotecas da UFMG, 2023. Disponível em: https://repositorio.ufmg.br/static/politica/diretrizes-para-normalizacao-de-trabalhos-academicos-da-UFMG.pdf. Acesso em: 30 out. 2024.

UNIVERSIDADE FEDERAL DE MINAS GERAIS. COMISSÃO PARA USO E DESENVOLVIMENTO DE IA NA UFMG (INSTITUÍDA PELA PORTARIA Nº 10226). *Recomendações para o uso de ferramentas de Inteligência Artificial nas atividades acadêmicas na UFMG*. Belo Horizonte, Universidade Federal de Minas Gerais, maio 2024.

REFERÊNCIAS

UNIVERSIDADE FEDERAL DO CEARÁ. BIBLIOTECA UNIVERSITÁRIA. COMISSÃO DE NORMALIZAÇÃO. *Guia de normalização de trabalhos acadêmicos da Universidade Federal do Ceará.* Fortaleza: Biblioteca Universitária, 2022. Disponível em: https://biblioteca.ufc.br/wp-content/uploads/2022/05/guianormalizacaotrabalhosacademicos-17.05.2022.pdf. Acesso em: 30 out. 2024.

UNIVERSIDADE FEDERAL DO RIO GRANDE DO SUL. BIBLIOTECA DA FACULDADE DE DIREITO. *Manual para apresentação de trabalhos de conclusão de curso, dissertações e teses.* 4ª ed. Porto Alegre: Biblioteca da Faculdade de Direito, 2023. Disponível em: https://www.ufrgs.br/bibdir/wp-content/uploads/Manual-de-Nomalizacao.pdf. Acesso em: 30 out. 2024.

UNIVERSITY OF CALIFORNIA/LOS ANGELES. *Generative AI*: Guiding principles for responsible use. Disponível em: https://genai.ucla.edu/guiding-principles-responsible-use. Acesso em: 30 out. 2024.

UNIVERSITY OF CHICAGO. THE UNIVERSITY OF CHICAGO PRESS EDITORIAL STAFF. *The Chicago manual of style.* 18ª ed. Chicago: University of Chicago Press, 2024.

UNIVERSITY OF OXFORD. *Use of generative AI tools to support learning.* Disponível em: https://www.ox.ac.uk/students/academic/guidance/skills/ai-study. Acesso em 30 out. 2024.

YOKOTA, R.; MICHELETTI, L. R. G. Como produzir textos acadêmicos e científicos. *Revista de Letras Norte@mentos,* v. 17, n. 47, 2024. Disponível: https://doi.org/10.30681/rln.v17i47.12115. Acesso em: 12 ago. 2024.

As autoras

Luana Lopes Amaral é professora da Faculdade de Letras da UFMG, mestre e doutora em Estudos Linguísticos pela mesma instituição e com pós-doutorado pelo Departamento de Linguística da Universidade do Novo México. Atua no ensino e pesquisa sobre Letramento Acadêmico, tendo sido coordenadora do projeto "Oficina de Língua Portuguesa: Leitura e Produção de Textos". É líder do Grupo de Pesquisa Gramática da Língua em Uso e atua nos Programas de Pós-graduação em Estudos Linguísticos (FALE/UFMG) e em Gestão e Organização do Conhecimento (ECI/UFMG).

Daniervelin Pereira é professora da Faculdade de Letras da UFMG, mestre em Estudos Linguísticos pela mesma instituição, doutora em Semiótica e Linguística Geral pela USP, com período-sanduíche na Université Paris 8, na França, com pós-doutorado pela Université de Liège, na Bélgica, e pela UFF. Atua no ensino e pesquisa sobre Letramento Acadêmico, tendo sido coordenadora do projeto "Oficina de Língua Portuguesa: Leitura e Produção de Textos" e de diversos projetos de extensão. Atua no Programa de Pós-Graduação em Estudos Linguísticos e no PROFLETRAS, ambos da UFMG. É editora-chefe da revista *Texto Livre: Linguagem e Tecnologia*.

Raquel Abreu-Aoki é professora da Faculdade de Letras da UFMG, mestre e doutora em Estudos Linguísticos pela mesma instituição, com pós-doutorado pela Escola de Comunicação e Artes da USP. Atua no ensino e pesquisa sobre Letramento Acadêmico, tendo sido coordenadora do projeto "Oficina de Língua Portuguesa: Leitura e Produção de Textos" e atuando em diferentes projetos de ensino e extensão. É vice-líder do Grupo de Pesquisa Narrar-se - Estudos sobre narrativas de si e coordenadora do Projeto Redigir da FALE/UFMG.

Carla Viana Coscarelli é professora titular da Faculdade de Letras da UFMG, mestre e doutora em Estudos Linguísticos pela mesma instituição, com pós-doutorado em Ciências Cognitivas pela University of California, San Diego, em Educação pela University of Rhode Island e em Engenharia Computacional pela Universidad de Santiago de Chile. Atua no ensino e pesquisa sobre Letramento Acadêmico, tendo sido criadora e coordenadora do projeto "Oficina de Língua Portuguesa: Leitura e Produção de Textos" e do Projeto Redigir. Atua no Programa de Pós-Graduação em Estudos Linguísticos da UFMG. É diretora da Editora da UFMG.